結局、いくら貯めればいいの？

30歳からはじめる
私らしく貯める・増やす
お金の習慣

岩城みずほ

同文館出版

はじめに

「人生を思いきり楽しみたい！」

今、そんな女性たちが増えています。仕事も恋もめいっぱい。いつまでもきれいで、自由に、素敵に年を重ねていきたい。いいですね！

お気に入りのライフスタイルで、毎日、まずまず幸せな感じです。

でも……。

心の片隅で、「本当にこのままで大丈夫なのかな？」、そう思うこと、ありませんか？

きっと、なんの不安もないという人はいないのではないでしょうか。

だって、女性の人生は長いでしょう？　リタイヤをしてからも、30年近くも続くのですから。

わたしのところにご相談に来られる方も、こんな不安を口にされます。

これから年金もどうなるかわからないし、経済的にやっていけるのかな？

病気やケガで働けなくなったらどうしよう！

マンションはこのまま借り続けたほうがいいの？

……心配をしはじめたらキリがありませんね。

「とりあえず、お金を貯めておかなくては！」、そう感じてこの本を手に取ってくださった人も多いはずです。

では、自分らしく生きるために、一体いくら貯めておけばいいのでしょうか？　いくらあれば安心なのでしょうか？

3000万円くらい？　いえ、もっと？　あればあるほど安心？

だけど、貯金をしてもなかなかお金は増えないし。一体、わたしはどうすればいいの⁉

……そうなのです。漠然とした不安に、わたしたちは少しおびえています。

でも、それはある意味、仕方がないことなのです。だって、わたしたちはこれまで、「お金」について、学校でも社会に出てからも学ぶ機会はなかったのですから。

医療や年金などの基本的なルールを知らないために、不安だけで余計な保険に入りすぎていたり、すすめられるまま、よくわからずに金融商品を買ってしまったという人もいるかもしれません。

「お金」についてはまったくダメ、自信ありません、というあなた。

大丈夫、今からでも全然遅くはありません。これから一緒に、少しだけがんばって勉強してみませんか？

ほんの少しのマネー知識を身につければ、今の不安をきっと解消することができます。

ムリもしたくないし、ムダなのもいや。お金の心配はしたくはない……ですよね？

「そうなの！　でも、どうすればいいの？」と、思ったあなた。ご安心ください。それは、そんなに難しいことではありません。はじめに「しくみ」をつくっておけばいいのです。必要以上のムダな支出を減らして、お金を増やすしくみをつくり、安心して生きていけるライフスタイルをつくるのです。

だから少し勉強を……、えっ？　マネーの勉強は難しそうだからいやですって？

この本は、そんなあなたのために書きました。

みなさんと同じく、「お金」の勉強は初めて、という麻衣子さん（33歳）に登場してもらい、お金のＡＢＣからわかりやすくお話ししていきますね。

麻衣子さんは、中堅化粧品メーカーにお勤めです。思うように貯金ができず、「このままでよいのだろうか……」と不安を覚えているようです。

お金をただ増やす方法だけを知りたいのなら、それにふさわしい本は書店に行けばたくさんあると思います。

でも、この本は、なぜお金を増やしたいのか？　ちゃんと自分の人生と向き合って考えていくところからはじめたいと思っています。

なぜなら、お金の使い方は、どう生きていくかということととても深い関係があるからです。

みなさんに質問があります。あなたにとって「幸せ」って何ですか？

大切な人と一緒に笑っているところや、好きな仕事に打ち込んでいる姿を思い浮かべた人もいるでしょう。

そう。多くの人は、ただお金持ちになることを幸せだと思ってはいないはず。みなさんの心の中には、５年後、10年後、20年後、30年後、こんな風に暮らしたい、こんな女性でいたいというイメージがきっとあると思うのです。

好きな仕事をしながら、輝いている大人の女性。美しく年を重ね、精神的にもきちんと自立している女性。きっと、みなさんの身の回りにも、憧れの先輩がひとりはいらっしゃると思います。

そんな素敵な女性たちの多くは、生き方上手。お金の使い方も上手です。自分の価値観に合ったお金の使い方ができているのです。

“将来の自分”のビジョンが明確で、“今の自分”に合ったお金の配分です。今月も赤字！　貯金がない！　どうしよう！　なんてことは絶対ないはず。

みなさんには、そんなお金とのつきあい方をめざしてほしいのです。お金からの“ストレスフリー”な生き方です。

この本を手に取ってくださった方の中には、30歳をひとつの節目のように感じている方も多いのではないでしょうか？

20代には気にもしなかったことが、現実味をもって身に迫ってきて、そろそろちゃんとしなくちゃ……って。

思えば、わたしも30代の頃、今のみなさんと同じようにいろいろな悩みや不安を抱えていました。たくさんの失敗も経験しました。

でも、その頃を振り返って感じるのは、30代をどう過ごすかが、その後の人生を大きく左右するということです。

さらに言えば、もう少し早く気づいておけばよかったと思うこともたくさん……。そんな後悔もあって、みなさんに、今、少し立ち止まって考えていただきたいなと思うのです。

30代は、女性にとってとても大事な時期です。仕事も恋愛も、自分磨きをがんばるときだと思います。がんばれるときなのです。

未来に思いを馳せて、今、自分と向き合ってみませんか？
きっと、自分らしい幸せな生き方が見えてくるはず。

より美しく素敵に輝く自分になるために、ぜひ一歩を踏み出しましょう！

岩城みずほ

WHAT TO STORE HOW MUCH?

3章 お金が自然に貯まるしくみをつくろう

WHAT TO STORE HOW MUCH?

4章 お金を育てる！資産運用のABC

WHAT TO STORE HOW MUCH?

5章　女性の「安心」のつくり方

WHAT TO STORE HOW MUCH?

6章　「じぶん」100%で生きよう！

※本書の内容は平成24年7月現在の情報に基づいて書かれたものです。
※本書は、投資の推奨や助言を意図したものではありません。本書を利用したことによる、いかなる損害などについても著者および出版社はその責任を負いかねます。実際に投資されるときは、最新の情報を確認し、ご自身の判断でお願い申し上げます。

イラスト◎大石香織
カバーデザイン◎ホリウチミホ（ニクスインク）
本文デザイン・DTP◎松好那名（matt's work）

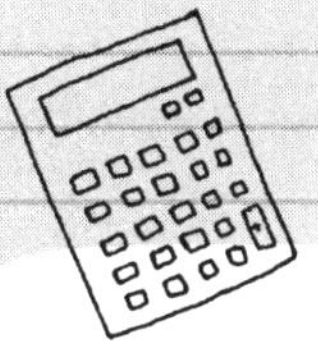

1章

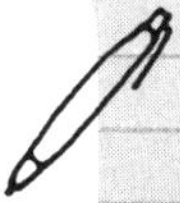

なぜ、
お金が貯まらないの？

WHAT TO STORE HOW MUCH? 1

みんな、いくら貯めているの？

「わたし、貯金ができない体質なんです。旅行が好きで、海外にもよく行くし、洋服を買うのも趣味みたいなもので、ついつい使いすぎてしまうんです。

勤めはじめて10年ですけど、貯金はたった30万円……。

普通、みんな、どのくらい貯めてるものなのですか？」

「みんながどのくらい貯めているのか、気になりますね。」

＊

あなたはなぜ、お金が貯まらないのでしょう？　そんなにムダ遣いをしている気もしないのだけど、思い当たることもなくはない？

麻衣子さんのように、趣味やファッションに好きなだけお金を使っていると、“今”の生活は充実していると思います。でも、それではやっぱり、お金を貯めることはできません。お金の不安やコンプレックスから解放されることもないでしょう。

この本を読んでくださっているあなたも、同じ悩みを抱えているかもしれません。

まずは次ページの図を見てください。20代から40代の働く女性579人に調査した結果です。1年間の貯蓄額は「10万円未満」が約3割。10～50万円未満が約4割となっています。

1年間でいくらくらい貯金をしていますか？
また、本当は1年間でいくらくらい貯金したいと思いますか？

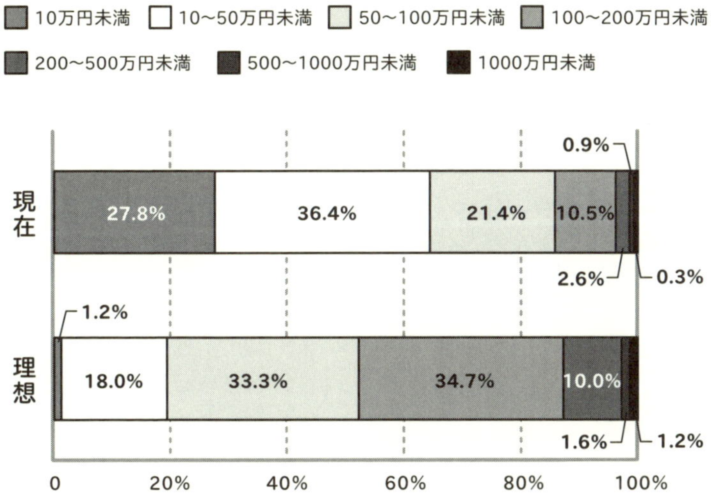

出典：株式会社カウネット　わたしみがき

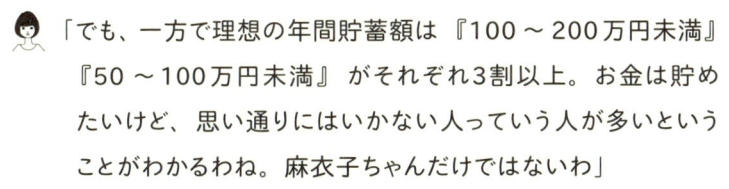

「割とみんな、がんばっているんですね……。そのくらい貯金できればいいけれど、結局挫折してきました」

「でも、一方で理想の年間貯蓄額は『100～200万円未満』『50～100万円未満』がそれぞれ3割以上。お金は貯めたいけど、思い通りにはいかない人っていう人が多いということがわかるわね。麻衣子ちゃんだけではないわ」

「そうですよね！　ちょっと安心しました。お金が貯められる体質になるにはどうすればいいんですか？　教えてください!!」

WHAT TO STORE HOW MUCH?

2 なぜ、お金を貯めたいの？

「お金の貯め方を教える前に、少し話を聞かせてほしいの。麻衣子ちゃんは、なぜ、お金を貯めたいの？」

「それは、なんとなく不安だからです。今、彼もいないし、このまま結婚しないかもしれないなぁとも思ったり。あ、でも、ひとりで生きていくのはいやじゃないんですよ。仕事もおもしろいし、自由な生活は楽しいし。今、とりたてて困っていることもないし。でも、もし、病気で仕事ができなくなったらどうすればいいんだろう、ひとりきりの老後はどうなるんだろうって考えはじめると、不安になってきちゃったんです……」

＊

麻衣子さんのような女性は増えているように思います。価値観の合う人がいれば結婚するかもしれない。でも、別にずっとひとりだってかまわない。結婚するかしないかにこだわりがなく、今は仕事をがんばりたい。キャリアアップしてこれからも自分らしく働いていきたい。そんな風に考える女性です。

みなさんは、いかがですか？

シングルという生き方は、今や特別な生き方ではなくなりました。平成22年の国勢調査によると、「単身世帯」（ひとり暮らし世帯）が32.4%を占めて一番多く、シングルで子どもを育てている人の割合8.7%（男女）を合計すると、実に4割にのぼります。

もはや、シングルという生き方にネガティブな響きはありません。シングルは、「自分の意志で選んだ生き方」なのですね。

また、結婚をしていても、夫婦がお互い経済的にも精神的にも自立しているというケースも増えています。そんな女性は、ライフワークバランスをうまくとりながら、自分のキャリアを重ねています。

そう、女性の生き方は以前よりずっと自由で、ポジティブになっているのです。

自分の時間を大切にしたい。価値観を大切にしたい。より心地よい生活をしたい。

自分らしく、充実した人生を生きていける反面、何かあったときの不安、遠い将来への不安は心のどこかにあります。そこで、とりあえずお金を貯めておかなくては！　というわけなのですね。

実際、わたしのところにご相談に来られる方も、こんな理由をおっしゃいます。

・年金だけでは足りなくなりそうなので、老後のためになるべく貯金を増やしておきたい。年をとってお金の苦労をしたくない。
・フリーランスなので、もし仕事がなくなったり、できなくなったときのために生活費として貯めておきたい。
・入院したりして、急な出費があると怖いから、お金を貯めて

おきたい。

・住む家さえあればなんとかなると思うから、マンションを買いたい。とりあえずマンションの頭金を貯めようと思っている。
・年をとっても仕事をするために独立したいと思っている。仕事が軌道に乗るまでの生活費としてお金を貯めておきたい。
・ある程度の年齢になったら好きなことをして生きていきたいと思っているのだけど、あとどのくらいお金を貯めておけば、会社を辞めてもお金に困らないでやっていけるか知りたい。
・キャリアアップをしたいので留学をしようと思っているが、資金が足りない。

みなさんのお金を貯めたい理由、お金を貯めようと思った動機を見てみると、2つあるようです。

1つは、不安を解消する手段（リスクヘッジ）のため。もう1つは、自分の夢や希望を実現させるためです。

あなたは、なぜお金を貯めたいのですか？　まずは、そこを明確にすること。これがスタート地点になります。

WHAT TO STORE HOW MUCH?

3 あなたがお金を貯められない理由

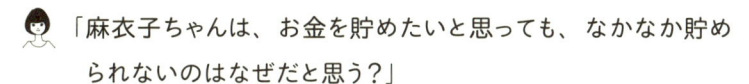

「麻衣子ちゃんは、お金を貯めたいと思っても、なかなか貯められないのはなぜだと思う？」

「やっぱり、貯められない体質だからですね」

「欲しいものをガマンできない？」

「だって、欲しいものは欲しいじゃないですか。目についたものを衝動買いしちゃうことも多いです。あと、飽きっぽい。英会話教材とか、スポーツクラブの会員チケットとか、挫折してムダにしたものも多いです。あ、ストレスが溜まると買い物でストレス発散したり、飲みに行って大食いしたりもする……。ね、もう貯められない体質としか言いようがないでしょう？」

「なるほど。とってもよくわかるわ。麻衣子ちゃんのような人は多いと思うわよ。わたしも同じような悩みを持っていたしね」

「えっ、みずほさんも同じ体質だったんですか？　なんだかうれしいな、みずほさんも貯められないオンナだったんだぁ」

＊

麻衣子さんの喜びようは少々癪《しゃく》にさわらないでもないですが(笑)、そうなのです。今でこそファイナンシャル・プランナーとして、みなさまのマネー相談に乗ったりしていますが、以前のわたしのお金の使い方は、かなり無茶苦茶でした。

わたしは、この仕事をするずっと以前、フリーでアナウンサーをしていました。アナウンサーという職業は、洋服代や美容代を「経費」にできます。人前に立つ仕事なので、必要経費として認められるのです。

麻衣子さんが「欲しいものは欲しい」と言っていましたが、その気持ち、とってもよくわかります。今でこそ、自分なりのお金の使い方が身についていますが、当時は、こんな言い訳を自分にしながら買い物をしていました。

「人に見られるのが仕事なんだから、このくらいのものを身につけなければ恥ずかしい」

「きれいにしているのも仕事のうちなんだから、この化粧品を買うのは当然。美容院にもエステにも、まめに行かなくちゃ」

「次の収録ではこのくらいのものは身につけていなくちゃ、見栄えがしないわよね」

……などなど。そんなことをつぶやきながら、何の抵抗もなく、カードで買い物を続けていました。

でも、ショップで品物を前にして、わたしは一体誰に言い訳をしていたのでしょうか。

欲しいものは我慢しない、無理してでも買う、あとでどうにかなるのだからと、当時のわたしは本気で思っていました。後先考えずに、欲望に忠実に浪費を続けたのです。

その結果、振り込まれたギャラは、そっくりそのまま引き落とされていきます。そう、自転車操業状態ですね。リボ払いにしたカードローンの返済のために仕事をしていたようなものです。

なのに、一向に借金は減りません。そりゃそうです。毎月浪費を続けているわけですから。でも、さすがに不安が頭をよぎります。
「もし、仕事を切られたらどうしよう……」
フリーなのですから、持っていて当然の不安です。でも、鏡台に並んだ化粧品や、クローゼットの洋服を返品するわけにもいきません。それどころか、クレジットカード払いで支払いを先延ばしにしているこれらは、厳密に言えば、まだわたしのものではないのですから。
お金のストレスは、たとえ普段忘れていたとしても、澱のように体に溜まっていくものです。

仕事をしていれば、嫌なことだってありますよね。そこで、気晴らしに買い物に出かけます。ふと目に入った流行のラインのワンピース。あら、素敵だわ、と思いながら、吸い込まれるように近づきます。待ち合わせの時間まであと１時間もあるし、とりあえず試着だけ……。
鏡に映った姿は、想像以上に素敵です。ラインもきれい。やせて見えるし、顔映りもいいわ。見れば見るほどよく似合う気が……。そのうち店員さんまでそばにやってきて、褒めちぎってくれます。買っちゃおうかな。欲しいな。でも、ちょっと高いかな。どうしよう……。
そもそも計画的な買い物ではないので、「予算」という発想はありません。頭の中では、買うための理由づけを大急ぎでしています。
「あさっての収録、これを着てがんばろう！」
「この間の仕事、ギャラが思ったよりよかったし」

そのうち、このワンピースを手に入れれば、収録は大成功するような気にさえなってきます。
リボの残高はまた増えました。請求書が届き、不安にかられます。

……いかがでしょうか？　過去のわたしの行動を読んで、ハッとした方もいらっしゃるのではないでしょうか。
わたしは明らかにお金の使い方、買い物の仕方を間違っていました。当たり前のことですが、支出が収入を上回れば、当然、お金は貯められません。まずは、自分のお金の使い方を知ることが大切なのです。
なぜ、欲しいものが我慢できないのでしょうか？　なぜ、ムダ遣いをしてしまうのでしょうか？　次の項目で、その理由を探ってみましょう。

WHAT TO STORE HOW MUCH?

4 ムダ遣いをする そのココロは？

まずは、次の質問に答えてみてください。

①買い物をしたあと、後悔することがある （YES・NO）

②せっかく買った洋服を一度も着ずに
シーズンが終わることがある （YES・NO）

③バーゲンに行くのは、お得だからだ （YES・NO）

④クレジットカードをよく使う （YES・NO）

⑤クレジットカードで買ったことを忘れていて、
請求書が来て驚くことがある （YES・NO）

⑥思ったより高くても、欲しいときは買ってしまう （YES・NO）

⑦「まあ、いいか」が口癖 （YES・NO）

⑧買い物をするときに心の中で言い訳をしている （YES・NO）

⑨使い道が決まったお金なのに使ってしまうことがある （YES・NO）

⑩「ついでだから買っておこう」と買うことがよくある （YES・NO）

⑪暇つぶし、気分転換で買い物をする （YES・NO）

⑫ストレスや心配を買い物でまぎらわせる （YES・NO）

⑬「日割りすると」「長く使うから」と考えたことがある （YES・NO）

⑭「今日だけ」「来月から」と、決心だけはいつも立派だ （YES・NO）

あなたは、「Yes」がいくつありましたか？　ご想像通り、「Yes」が多ければ多いほど、お金が貯まらない人になります。

では、ひとつずつ、そのココロを見ていきましょう。

①買い物をしたあと、後悔することがある

ショップの鏡は、なんだかきれいに写るように思えるのは、わたしだけでしょうか？　もしかしたら、本当に特別な鏡なのかもしれませんが、心理状態が大きく影響をしていると思うのです。

特に女性は、目新しいものを身につけると、さまざまな想像をしてしまうようです。「これを着たわたしを見たら、彼は何と言うかしら」というように。たいていはよい反応を想像しますよね。そんなとき、店員さんに太鼓判を押されたら？　迷っていた気持ちも吹っ飛んでしまい、“即買い”してしまいます。

ところが、素敵に思えて買ったのに、家に帰って着てみると、「あれ？」ということも。特に、必要がないのになんとなく買い物をしてしまった場合に、「あとで後悔する」ことは多いようです。

②せっかく買った洋服を一度も着ずにシーズンが終わることがある

そのときは、どうしても欲しくて買ったはずなのに、結局、一度しか着なかった、なんてことありませんか？

わたしも、買ってもそのままタンスの肥やしになり、数年経っても一度も着ることなく捨てた服は、１枚や２枚ではありませんでした。経験から言うと、「ちょっと冒険かな、でもこの路線もありかも」とか、「2kg 痩せて着よう！」などと思いながら買ったものはその運命をたどります。物欲の根っこにあるのは、「必要性」ではないようです。

③バーゲンに行くのは、お得だからだ

バーゲンって本当にお得なのでしょうか？　たしかに、「半額」なんていうプライスがついていれば、うれしくなっちゃいますよね。

でも、そのプライスの「妥当性」を少し考えてみましょう。バーゲン品には、バーゲン用として出されているものも少なくありません。安いからお得というわけではないのです。「安物買いの銭失い」という言葉もありますしね。

④クレジットカードをよく使う

⑤クレジットカードで買ったことを忘れていて、請求書が来て驚くことがある

クレジットカードで買い物をすると、お財布の中の現金は減らないので、買ったという現実味に欠けますよね。現金だけを持って買い物に行けば、予算以上に買いすぎてしまうことはないのに、クレジットカードだと、使いすぎてしまうことも多いのではないですか？

また、クレジットカードで買ったことを忘れていて、請求書が来て顔が青くなったことがある人も要注意ですよ。クレジットカードは、未来のお金を使うことです。カードローンなどで借入れをするのも同じです。

未来のお金を使うということは、未来の時間を売り渡しているのと同じこと。「返済のために働く時間」が生まれてしまうのです。

⑥思ったより高くても、欲しいときは買ってしまう

⑦「まあ、いいか」が口癖

本当は１万円までの予算だったけど、2000円ほどオーバー。

「ちょっと高いけど、まあ、いいか。2000円くらい」

こんなこと、よくあるのではないですか？「まあ、いいか」は、お金が貯まらない人の口癖です。予算がないと、「多少高い気がするけど、まあ、いいか」と、どうしても欲しいものに対するハードルが低くなってしまうのですね。誘われると断れない人も、きっと心の中でつぶやいているはず。「昨日も飲みに行ったけど、暇だし、まあ、いいか」なんてね。

「郵便局のＡＴＭでお金をおろせば手数料はタダなのに、コンビニでおろしちゃっても、まあ、いいか」も要注意ですね。

⑧買い物をするときに心の中で言い訳をしている

前項のわたしの過去の行動で、十分、イメージしていただけたと思いますが、買い物をするとき、言い訳するのは、たいてい必要のないものを買うときです。

⑨使い道が決まったお金なのに使ってしまうことがある

あなたは、また、衝動買いをしてしまいました。もし買わなければ、そのお金はどうするつもりでしたか？　今月からはちゃんと貯金しようと思っていたのに……なんてことありませんか？

使い道が決まっている「使ってはいけないお金」なのに、つい衝動的に使ってしまった……という人も多いのではないでしょうか。中には、このお金は絶対に使えないから、とりあえずクレジットカードで買っておこう、なんて人もいるかもしれません。「運よく余ったら貯蓄に」では、永遠にお金は貯められません。

⑩「ついでだから買っておこう」と買うことがよくある

コンビニに行ったとき、「ついでに雑誌も」。お弁当を買うとき、「３時のおやつも」「○○の買い置きってあったかしら、ついでに買っておこう」「安いから、ついでにこれも」などなど。ついでに買ったものは、たいてい、買わなくても特に困らないものが多いはずです。

⑪暇つぶし、気分転換で買い物をする

⑫ストレスや心配を買い物でまぎらわせる

暇つぶしで買い物をするのは、衝動買いの元凶です。お買い物の最中は楽しいかもしれませんが、すぐに幸福感は消えてしまいますよ。

そもそもお買い物でストレスを発散することもできませんし、心配事を解消することもできません。ストレス → 浪費 → 一時的な満足 → 再び陥るストレス → 浪費 → 一時的な満足……という風に、「負のスパイラル」は永遠に回り続けます。

⑬「日割りすると」「長く使うから」と考えたことがある

なんだかお肌の調子がよくないな。ちょっと高いけれど、この美容液買っちゃおうかしら。化粧品って毎日使うものだし、３カ月持つとしたら日割りすると○円だし、そんなに高くないかも……なんて、頭の中で計算したりしたことありませんか？

一見、合理的な考え方のような気もしますが、これは高いものを買うときに多い言い訳です。「長い目で見ると得になる」「毎日使うものだから、もとがとれる」とかね。

もし、冷蔵庫が壊れて、どうしても新しいものを買わなければならなくなったとき、あなたはそんな言い訳をするでしょうか？　本当に必要ならば、わざわざ言い訳したりはしません。

⑭「今日だけ」「来月から」と、決心だけはいつも立派だ

何度もやめようと思ったけれどやめられない。しようと決心したのにできなかった……という経験、ありますよね。

「今日は食べるけど、明日からは絶対ダイエットする！」

「今日は疲れてできなかったけど、明日の夜は、絶対に英語の勉強をする！」

高らかに宣言すると、妙に晴れ晴れしい気分になって、安心してしまう人もいるはずです。決心することは大切なのですが、でも、決心するより実行すること、さらには続けることのほうが困難ですよね。

WHAT TO STORE HOW MUCH?

5 お金が貯まらないのは お金が増えないから？

「どれもこれも思い当たることばかり……。こういう行動を全部やめれば、お金が貯まる体質になれるというわけですか。結局、家の中でおとなしくしているのが一番お金が貯まるってこと？　それもつまらないなぁ」

「たしかに、つましすぎる生活もハリがないし、お金を使わないことを目的にしちゃうなんて、これほどつまらないこともないわね」

「そうですよね。ケチケチ生きるのはいやです。あぁ、こんなことなら、母に言われた通り、ちゃんと貯金しておくんだったなぁ」

「お母様は、なんておっしゃっていたの？」

「母は、勤めはじめてから毎月ちゃんと貯金をして、車も買ったし、結婚資金も全部で準備したって。母には、堅実さが足りないんだってさんざんお小言をもらいましたけど……」

「たしかに、毎月きちんと貯金をしてきたお母様は素晴らしいわね。でも、今、同じように麻衣子ちゃんが貯金をがんばっても、なかなかお母様のようにお金を増やしていくことはできないかもしれないわ」

「えっ、どういうことですか？」

＊

お金が貯まらないのは、これまで見てきたように、自分の行動によるところが大きいのです。でも、時代背景だって無視できません。ここでは、少し大きな視点で考えていきたいと思います。

お金を定期預金に預け入れると、微々たるものではありますが、利息がつきますね。今は、定期預金で0.025～0.03％ほどです。

麻衣子さんのお母様の時代は、信じられないかもしれませんが、定期に預ければ７～８％の利息がついた時代です。

たとえば、100万円を利率７％で30年間、定期預金に預けておくと、761万2255円にもなるのです。銀行に預けるだけで、お金はどんどん増えていきました。

でも、今は、利率0.03％です。30年経っても100万9039円にしかなりません。預貯金をすることはとても大切ですが、それだけでは昔のように、お金を増やすことができない時代だということは知っておいてください。堅実であることだけで、安心をつくれる時代ではないのです。

「そうなんだ。母のときとは時代が違うのね」

「麻衣子ちゃん、ちょっとおもしろい『72の法則』というものがあるのだけど。100万円を預けると、200万円になるのに何年かかるかがわかるの。たとえば、銀行の金利が7%だとして、72を金利で割ると？」

「72 ÷ 7 = 10.28 ですね」

「そう。つまり、約10年で200万円になるということ。じゃあ、今の定期金利0.03%で割ってみて。100万円を200万円

にするには、何年銀行に預けなくちゃいけないでしょう？」

「72 ÷ 0.03 = 2400……えっ！　2400年!?　わたし、生きていませんよ！」

＊

いかがですか？　お金が貯まらないのは、

①収入より多くお金を使いすぎてしまうから

②超低金利で、預貯金でお金が増えないから

という理由なのです（他にも、景気がよくないので、収入がなかなか増えないということもあるでしょう）。

では、逆にお金を増やすためにはどうすればいいのでしょうか？　実は、お金を増やす方法は、次の３つしかありません。

❶収入を増やす

１つめの「収入を増やす」というのは、あなたが今以上に働いたり、昇給したりして収入を増やすことです。でも、企業も人件費を増やすことは難しくなっています（少子高齢化で内需が縮小していること、グローバル競争が激化していることなどが背景にあります）。そんな中で、お給料を上げるのは、なかなか難しいことです。

❷支出を減らす

２つめは、収入を増やすことより取り組みやすいことです。これまで見てきたように、行動を見直すことで、ある程度の効果を得られると思います（詳しくは３章）。

❸お金に働いてもらう（お金を育てる）

３つめの「お金に働いてもらう」というのは、あなただけではなく、「お金にも働いてもらう」という発想です。預貯金だけでお金を増やすことが難しい時代、お金を増やすためには、積極的な行動を起こすことが必要です（詳しくは４章）。

お金を増やす3つの方法

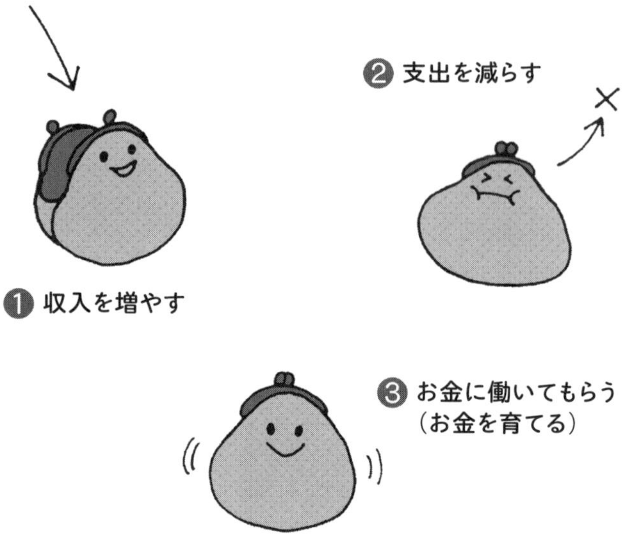

WHAT TO STORE HOW MUCH?

6

あなたは、あなたの使ったお金でできている

お金があれば人生幸せ、ということは言いきれませんが、お金を抜きに人生を考えることができないということは、みなさんご承知でしょう。「人生はお金をどう使うかで決まる」と言ってもいいかもしれません。

自分の欲しいものばかりを買い続けていればキリはなく、物欲のサイクルの中を永遠に回り続けることになります。そうなれば、目標も夢もあったものではなく、きっと、いつまでたっても本当の幸せを得ることはできないでしょう。

お金を得るのには相応の努力が必要ですが、使い方にも意識やセンスを磨くことが必要です。そして、何よりあなたが自分のお金をきちんと管理できていること。つまり、あなたが真の意味で自立していることが大切なのです。お金に振り回されることがないように。

あなたは、あなたの使ったお金でできています。

食べ物と同じです。あなたが、何をどれだけ食べるかによって、健康に差が出てきますね。健康は、幸せな人生の大前提です。

本当に正しいお金の使い方とは、あなたの人生における選択肢の幅を広げてくれるものです。あなたの豊かで幸せな未来のための投資です。

次の章では、自分の人生の中で、お金をどう使うか、お金と

どう向き合っていくのかを考えていきます。ぜひ、一度、あなたの人生にとって大切なものが何かをきちんと考えてみてください。あなたの大切なものがわかれば、お金を使う「軸」のようなものが見えてくると思います。

２章に入る前に、ここで少しウォーミングアップをしてみましょう。あなたに質問です。

あなたは、どんな未来を生きていきたいですか？

あなたは、これからどんなことをがんばっていきたいですか？

どんな時間を過ごしていきたいですか？

196ページに、「“未来のわたし”発見シート」があります。４つの項目について、理想の未来を想像してみてください。実現可能かどうかは、まずはさておき、自由に書いてみてくださいね。コツは、思いつくままキーワードを並べることです。

①あなたはどんな生活をしていたい？　仕事はどう？

②将来は、どこに住んでいたい？　誰かと一緒？　それともひとりで？　どんな暮らしができればいい？

③あなたはどんな女性になっていたい？　実現したい夢や目標はある？

④続けたい趣味や、挑戦したい勉強・習い事はあるか？

うんと貪欲に、ポジティブにイメージしてみましょう。

難しいなと思う人は、次の麻衣子さんの例を参考にしてみて

“未来のわたし”発見シート（麻衣子の例）

①どんな生活、仕事をしていたい？

・経営企画室に！

・年に二度プライベートで海外旅行へ

・仕事はずっと続けたい

・ご縁があれば、結婚も？

③進みたい方向

・今の会社でキャリアを積む

・経営企画室へ行く

・英語力のスキルアップ

・40歳代でマンションを買いたい

・勤続15年表彰の旅行券にプラスして南米を旅する（38歳の予定）

麻衣子

②将来どこに住みたい？

・東京　恵比寿

・マイホーム（マンション）

・ペットも欲しい

④続けたい趣味など

・ゴルフもいつかスタート

・書道（師範をとりたい）

・月5冊ペースの読書を
・続ける

・毎月1～2回程度映画に行く

ください。

いかがですか？「未来のわたし」から「今のわたし」を引き算すると、あなたがこれからやるべきことが見えてきますよ。

そう、「ゴール」を決めて、「今」からはじめればいいのです。

ポイントは、少しずつ、コツコツがんばること。一歩ずつ、でいいのです。

まずは「自分を信じること」からはじめましょう。そう、「がんばれ、わたし！」です。

みなさんにはまだたっぷり時間があります。ゆっくりでいいのです。忘れかけていた趣味や関心、夢や目標もぜひ、思い出してください。

幸せな未来のために、今、この瞬間にリセットして、今日、ゼロからスタートしましょう！

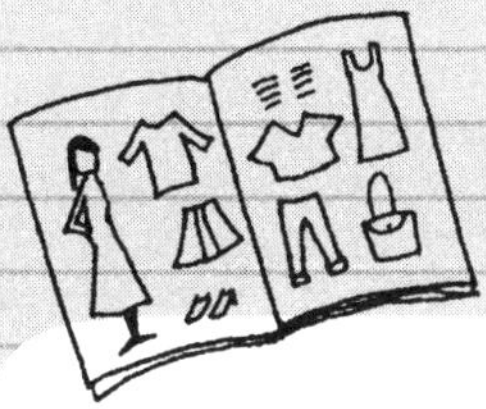

2章

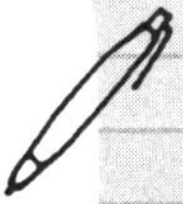

「今のわたし」について知ろう

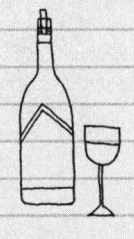

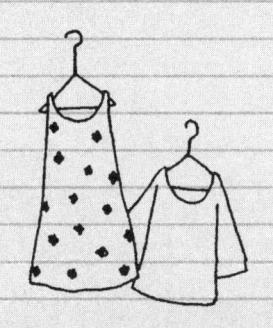

WHAT TO STORE HOW MUCH?

7 「じぶん棚卸し」をしてみよう

「自分の未来のことを改めて考えたことなんてなかったわ。このところ仕事が忙しくてすっかり忘れていたけど、英語のスキルアップもしたいし、海外旅行も行きたいなぁ」

「素敵ね。ではこれから、その夢や目標を実行するための作戦をしっかり練っていきましょう。まずは『じぶん棚卸し』というものをしてみましょうか」

「じぶん棚卸し？」

「ショップなどで、在庫確認のために『棚卸し』をするでしょう？イメージは同じよ。自分の棚卸しをするの」

＊

「じぶん棚卸し」は、これからの自分のライフプランを考えるにあたって、今の自分を見つめ直すためのものです。

これまで自分ががんばってきたことや、大切にしてきたことなどの延長線上に今の自分があるわけですから、現状を確認することはとても大切です。

ここでは、これからの目標や夢、希望などを書き込んでいきます。

みなさんはどんな人生を過ごしていきたいですか？　それを実現するために必要なことを、考えていきましょう。

自分らしい人生を送るということは、責任やさまざまなリス

今のわたし

仕事	今の仕事は自分に向いている？　適性ややりがい、満足度を考えてみる。 もし、将来転職を希望しているのなら、自分の持っている技術や能力、人脈などを確認する
家族	家族とのきずなは？　お互いに理解し合っている？ 関係は良好？ ひとり暮らしのあなたは疎遠になっていない？
友人 知人	職場やプライベートな友人知人とのつきあいはどうですか？　仕事が忙しくて年賀状しかやりとりしていない人もいる？ 特に、恋人や親友は、何かあったときに「頼れる人」となる。これから広げていきたい友人・知人等についても考えてみよう
趣味 健康 ライフ ワーク	自分が好きなこと、仕事を忘れて夢中になれることを持つことは大切。ずっと楽しんで続けられる趣味やライフワークは？ 健康については？　身体によいことを何もしていないというあなた、健康増進のために、何かスタートするのもいいかも
お金	これまでお金について考えたことがないという人もたくさんいるでしょう。まずは、今、思いつく範囲のことで大丈夫。この本を読んだ後に、もう一度考えてみよう
ライフ イベント	決まっていることの他に、思い描いていることなども記入してみる

クを伴うことでもあります。ただの夢で終わらせないために、お金をどのくらい貯めて、どう管理していくかということも考えなければなりません。

将来のお金の計画のことを「ファイナンシャル・プラン」といいます。ファイナンシャル・プランを考えていくうえで、「じぶん棚卸し」がまさに、スタートラインになるのです。

麻衣子さんのシート（40・41ページ）を参考にしながら考えてみましょう。

◆今のわたし

では、まず、今のあなたの現状について考えてみましょう。

これまであなたは、仕事面や人間関係などでどんなことをがんばってきましたか？　大切にしてきたことは何ですか？

仕事は、やりがいを持ってがんばれていますか？　いまひとつ不満なのよねと思っている人、どんなところが不満ですか？

満足しているのはどんなところ？　家族関係についてはどうですか？　友人関係は？

書き方にルールはありません。正直に、自由に書いてみてください（197ページの「じぶん棚卸しシート」をお使いください）。

項目別には、以下を参考にしてください。

・これからの目標・希望・夢

心を自由にして、好きなように書いてください。

ただし、「理想の結婚相手が見つかりますように」とか、「恋人が昇進してほしい」など、他の人への希望や願望は書かないようにしましょう。
これは、あなたが、これから自分らしく生きていくための方向性として書いていくものです。「自分で切り拓いていく！」という気持ちこそが大切なのです。

・実現に向けて必要なこと

これから行動していくこと、取り組んでいくべきことを記入します。
あなたの目標・希望・夢を叶えるためにしなくてはいけないこと、がんばりたいことは何でしょうか？
詳細なプロセスでなくてもかまいません。はじめの一歩として取り組んでいくことでもいいですね。

……いかがですか？　記入していきながら、これまであなたががんばってきたことや、あなたにとって大切なものが明確になってきたのではないですか？
逆に、この点では、わたし、あんまりがんばっていないなあ、と感じたこともあるでしょう。

この「じぶん棚卸し」は、どんどん変化していく自分を楽しむつもりで、今後もぜひ、定期的に行なってみてください。毎年決まった日にするのもいいでしょう。
わたしも、この本を書くにあたって書き直してみました。ああ、もっとがんばらなくては！　と思うことがたくさんあって反省しましたが、自分の今を整理できて気持ちがすっきり。

じぶん棚卸しシート（麻衣子の例）

	今のわたし
仕事	・販売促進部。言われたことはきちんとこなしてはいるが、積極性には欠けていると思う。やりがいを感じられるほどではないかも……。時間に追われている感じ
家族	・両親は静岡在住、年2回（お正月、お盆）は帰省している ・妹は東京（秋に結婚予定）時々、会って一緒に食事をしている
友人 知人	・仕事のつきあいが中心で、プライベートな友人は疎遠かも……反省 ・SNSでの交流くらい？
趣味 健康 ライフワーク	・好きな小説を読んだり映画を観たりする時間がとれていない ・運動もまったくしていない。書道もほとんどしていない
お金	・貯金はほとんどなく、月々の支出を把握していない ・使うたびにATMでお金を引き出している。クレジットカードの支払いを忘れていて、引き出そうとしたらマイナスのときもある
ライフイベント	・5年後の勤続15年表彰の旅行を楽しみにしている

これからの目標・希望・夢	実現に向けて必要なこと
・経営企画室に行きたい！ ・今後の会社の成長戦略を考えても英語は必須。語学力をつけなくては。今の部署でもっと認められることがまず必要？	・スキルアップのために英会話スクールへ通う ・販促につながる企画を立案、提案し実行する。販売戦略の勉強をまずは独学でスタートする！
・年2回は必ず帰省する ・親が年をとったら東京に呼びたいと漠然と考えている ・変わらずよい親子関係でいたい	・そうなると、購入するマンションは賃貸に出して、家族で住める家を持たなくては？　貯金が必要！
・旧友にもっとまめに連絡をとり、会おう！　なにかあったときに助けてくれるのは、親友だな。お互いに信頼関係をさらに深めたい！	・旧友とは電話をしたり、会う時間をつくる。月に一度は、仲間と会う日を設定する！ ・南（親友）とはこれまで通りおつきあい
・プライベートな時間を大切にできるライフスタイルを送る ・ゴルフはまずは打ちっぱなしから ・週末は書道をする時間を必ずとる。教室に通う	・週末の過ごし方を工夫。7時起床でウォーキング ・書道を再開！ ・毎晩、読書やDVD鑑賞の時間を持つ（心の余裕と1日のリセット）
・貯金をしていきたい ・5年後の旅行のためにまずがんばる！ ・マンションの頭金も貯めたい	・自分が決めたことを守ってコツコツがんばること！　でもどうやって？
・マンション購入は45歳くらい？ ・価値観が合う人がいれば結婚？　でも、めざすはひとりでも豊かで安心な人生！	・目標額を決めて、お金を貯めていくこと。投資も必要？

日々、なんとなく時間に追われているな、と感じている人には特におすすめです。

さて、これから、あなたの夢や目標を実現するために「あなたがすべきこと」や「お金」のことを考えていきます。

大切なことは、ファイナンシャル・プランが、自分の価値観とぴったり合っていることです。

だって、実行するのはあなた自身。無理があったらやってはいけませんよね？

この「じぶん棚卸し」シートをもとに、プランを立てていきましょう。

WHAT TO STORE HOW MUCH?

8 「ビジョンシート」でちょっと先の自分をイメージしよう

「じぶん棚卸しシート」の目標やライフイベントを実現するために、プランを具体化していきます。

198ページの「ビジョンシート」は、あなたの目標やライフイベントを実行するために、どうアクションを起こしていくか、具体的に書いていくものです。これは、５年間の中期計画になります。

なんだか面倒だわ、と思ったあなた！　大丈夫。まず、麻衣子さんのケースを参考に、「ビジョンシート」に書き込んでいくことを具体的にイメージしてみましょう。

次ページは、麻衣子さんのビジョンです。麻衣子さんが、「ビジョンシート」に書き込むと、46ページのようになります。「ビジョンシート」には、資金計画も盛り込みます。

麻衣子さんは、５年後の南米旅行までに自分の資金として30万円を目標にしていますね。５年後の予算は30万円となります。

英会話のレッスンは月謝が２万円なので、年間24万円が必要な予算ですね。

みなさんも「ビジョンシート」に書き込んでみてください。

たとえば、あなたが「３年後に海外留学するために200万円

石渡麻衣子（33歳）

中堅化粧品メーカーの
販売促進部に勤務

地方のテレビ局やラジオ局を回ってパブリシティ番組に出演

そのためには……英語力をスキルアップ！　スクールに通おう！　いくらくらいお金をかけられるかな？　月2万円くらいなら大丈夫かな？

プライベートも大切にして、メリハリのある生活を心がけよう。健全な身体に健全な精神は宿るっていうし。読書やDVD鑑賞にウォーキング。充実のライフスタイル！

以前習っていた書道も、師範免許をとろう。書道教室に通うのが手っ取り早いけど、英会話と両方は予算的に難しいかも…。ブランクもあるし、まずは、休みの日に少しずつ独学してみよう。英会話のほうに自信がつけば、書道教室にシフトすればいいし

仕事はそれなりに楽しいけど、もっとクリエイティブな仕事がしたい！
きっかけは、憧れのS先輩（男性）の話。

S先輩「海外にも販路を開拓するぞ！」
麻衣子「S先輩、素敵！　わたしも一緒に、経営企画室で仕事したい！」

仕事でも認められなくては！　なにか、販促につながる企画を提案しなくちゃ。そのためには、感度を研ぎすましていくことも大切

5年後に、勤続15年報奨で旅行券をもらえる予定。それを利用して海外旅行に行こう。それまでに30万円くらい貯めよう。マンションの頭金は、45歳くらいまでに1000万円くらいは貯めたい

必要」ならば、３年後に「ライフイベント　海外留学」「予算200万円」と記入します。

金額は、インターネットなどで調べて、なるべく現実的なものを書いてくださいね。

「ビジョンシート」は、今後つくり直すこともできますので、まずは思いつくまま自由に書いてみてくださいね。

具体的なプランが思いつかない人は、今なんとなくやってみたいな、と思っていることでＯＫです。

「ビジョンシート」の目的のひとつは、おおよその資金の計画を立てることですが、もうひとつ重要なことがあります。これは、自分自身の「セルフイメージ」をはっきりさせること。

人生の大切な資本となる体調のことや心構えをイメージして、文字にします。

今後の人生で人脈が何より大切だと考える人は、人脈の広げ方を具体的にイメージしてください。たとえば、○○のサークルに入る、○○のボランティア活動に参加する、などです。

ビジョンシート〈中期〉（麻衣子の例）

	0	1	2
	2012	2013	2014
年齢	33歳	34歳	35歳
父	59歳	60歳	61歳
母	58歳	59歳	60歳
到達点			
仕事	販売促進部	経営企画室へ異動願いを出す!	経営企画室に異動!
プライベート	書道練習再開		
スキルアップ	英会話スタート	英会話継続	英会話継続
ライフイベント		父へ還暦のお祝い	母へ還暦のお祝い
予算	・英会話２万円／月 ・旅行積立開始	・英会話２万円／月（年間24万円） ・父へ10万円	・英会話２万円／月（年間24万円） ・母へ10万円
セルフイメージ 体調 心構え 人脈	・書道はまず基礎を思い出す ・月に4冊読書 ・週末はDVD鑑賞、友人と食事など、楽しく! ・ウォーキングも開始 ・仕事、企画提案をする	・父へ何かプレゼントを ・書道は通信講座をスタートしてもいいな ・経営企画室へ異動願いを出せるように、仕事をがんばっている!	・母へ何かプレゼント ・経企へ晴れて異動!　となっていたらいいな ・続けてきたウォーキングのお陰できっと体力もついているはず? ・読書も継続中

3	4	5
2015	2016	2017
36歳	37歳	38歳
62歳	63歳	64歳
61歳	62歳	63歳
経営企画室	経営企画室	経営企画室
書道教室へ	書道師範資格取得	
英会話独学で継続	英会話独学で継続	
		南米旅行
・書道教室 2万円／月（年間24万円）	・書道教室 2万円／月（年間24万円）	・トータルで 30万円
・師範免許取得のために本格的に ・海外出張も多いはず？ ・英語に自信あり！のはず	・師範免許取得！ ・40歳まであと3年。素敵な大人の女性になっているはず	・南米旅行！ ・来年からは、マンションの頭金のために貯蓄額増額？

WHAT TO STORE HOW MUCH?

9

自分軸をつくれば、続けられる

「『ビジョンシート』は完成！　ここからですね、本当のスタートは」

「その通り！　必要な資金をつくっていくためにアクションを起こしていかなければならないものね」

「お金がなくてはしたいこともできないですもんね。資金の準備をしていくということは、実現に向かって歩み出していくことなのですね」

「もちろん、お金は必要なものではあるけれど、決して目的ではないわよね。お金があれば夢が叶うというものでもないでしょう？　自分の目標や夢を忘れないことが大切ね」

＊

わたしの友人で、離婚を機に、一念発起して家事代行サービスの会社を立ち上げ、見事に成功している女性がいます。

彼女の努力は並大抵のものではなかったと思いますが、背水の陣で夢中でがんばったそうです。目標を決めて進む。決めたら、実行する。そして続ける。あきらめない。彼女の軸はブレませんでした。

「スキルを身につける」「何かの資格をとる」とか、「お金を貯める」というのは、起業よりももっとシンプルに考えることができます。決めたことを実行すればいいのです。といっても、これがなかなか難しいんですけどね。

時には、さぼりたくなることも、ムダ遣いをしたくなることもあるでしょう。でも、ここで誘惑に負けてしまったら、お金は貯められませんし、目標も叶えられません。

成長し続けることができる人、成功をする人は、「ブレない軸」を持っています。それは、きっと自分に課したルール、自分との約束事を守るということなのだと思います。

自分で決めたルールは、あなたの行動の指針になるはず！

挫折しそうになったら、ぜひ、この「ビジョンシート」を思い出してほしいのです。

ちなみに、わたしはこれを縮小コピーして手帳に入れ、ときどき取り出して読んでいます。

きっと「がんばってよかった！」と思える日がきます。どうか、幸せな未来をイメージすることを忘れないでください。資格をとりたい。社会的な活動をしたい。あるいは家事代行サービスの会社を経営する彼女のように起業をしたいと思っているなら、未来の自分がどれだけ社会の役に立っているのかをイメージしてみましょう。

今、欲しいものをガマンしたり、眠いけどがんばって勉強しているのは、大きな夢や目標のためですよね。不満やつらいこともいろいろあるけれど、まあ、とりあえずは決めたことを守っていこう！　と、さらりと開き直ってしまうのも、ひとつのコツかもしれませんね。

WHAT TO STORE HOW MUCH?

10 自分の資産は、今いくら？

では、いよいよお金の計画、「ファイナンシャル・プラン」を立てていきましょう。

まずは、あなたが今、持っている預金などのいわゆる「自分の資産」を確認します。

「資産なんてゼロ」でも大丈夫です。「借金がある」というマイナスからのスタートだってかまいません。まずは自分のお金の事情を知ることからはじめてみましょう。

自分の資産がどのくらいあるのかすぐに答えられる人は、そう多くはないでしょう。資産というのは、貯金の他に、売ればお金になるものも含まれます。たとえば、車やマンション、解約返戻金のある終身保険や株式なども資産です。

麻衣子さんは、会社員暦10年、所得は360万円。つまり、「手取りのお金＝自由に使えるお金」が年間360万円あります。

これまで家計簿はつけたことはなく、使ったクレジットカードの明細を見直すこともなく、公共料金がいくらかかっているかも把握してはいないという麻衣子さん。だいたい毎月、3週目を過ぎたあたりからお金が底をつきはじめますが、30万円ほどの定期預金から補いつつ、なんとかしのいでいるそうです。

もちろん、毎月の予算などを立てたことは一度もなく、お財布が空になったらお金をおろすということを続けています。ちなみに、定期預金に入っているお金は運よく余ったボーナスです、とのこと。

＊

「まあ、だいたい想像はついていましたが（笑）。では、麻衣子ちゃんの『自分の資産』はいくらかな？」

「定期預金の30万円の他に、売ればお金になるものといえば、3年前に買ったテレビは、まだローンが残っていますけど、売れそうですよね。20万円で買ったんです。ＰＣも3年前に30万円で買いました。ということは、全部合わせると、わたしの資産は80万円ですね」

「残念ながら、パソコンやテレビは、買った金額で売ることはできませんよね。資産価値は下がっているでしょう？　もし、車を持っていたとしても、査定しなければわかりませんけど、そう期待できないでしょうね。申し訳ないけど、麻衣子ちゃんの資産は、貯金の30万円だけかな？　しかも、資産からローンや借金といった負債を引くと？」

「ローン残高が18万円だから、差し引くと、12万円。えっ！　10年も働いてきて、わたしの資産はたった12万円？　我ながら情けないです……」

＊

資産から負債を引いたものを「**純資産**」「**正味の資産**」といいます。これらは、「バランスシート」をつくることで簡単に把握することができますよ。次項で実際につくってみましょう。

WHAT TO STORE HOW MUCH?

11 「バランスシート」をつくろう

では、「バランスシート」(54ページ) をつくって、あなたの「純資産」を計算していきましょう。

ちょっと面倒だと思うかもしれませんが、お金に不安を持っているあなたが、今の自分の資産を確認する作業はとても意味のあることです。

休日などに「エイ！」と一気にやっちゃいましょう。

今度こそ「貯められない自分」とさようならするために、ぜひ、がんばってみてください。

STEP 1 資産の合計(A)を出す

自分の資産は、表の左側に書きます。現金や預貯金、株式などを持っている人はその現在価値(売ればいくらになるか＝時価のこと)で考えます。

終身保険や年金保険は、解約返戻金の金額を記入してくださいね。保険会社に電話すると教えてくれますよ。

マンションなどを持っている人は、チラシやインターネットなどで立地条件や間取り、築年数が似たものを見つけてください。類似物件の販売価格から手数料等を含め1割くらい安く見積もって金額を出しましょう。車などは、中古販売の雑誌を参考に、手数料分2割程を差し引いた金額にするとよいでしょう。家電製品など、売っても大した金額にならないものは省略してください。

STEP 2　負債の合計（B）を出す

右側には、住宅ローン等がある人は残額を記入します。ローンは、元本と利子を同時に返済していますが、記入するのは元本部分だけです。利子の部分は、支払っても元本が減るわけではないですからね。銀行から送られてくる「返済計画表」等の元本の残高をご記入ください。

STEP 3　純資産（C）を出す

STEP 1の「資産合計（A)」から、STEP 2の「負債の合計（B)」を差し引いた差額（A）－（B）があなたの「純資産（C)」です。

この表、どこかで見たことがあるなと思ったあなたは鋭い！

そう、企業などの財務状態を見る「貸借対照表（B/S)」ですね。これは、その「あなたの家計版」です。

「貸借対照表」は、通常、事業年度末に、その時点での会社の財政状態を明らかにするために作成します。みなさんも、1年に一度、自分のお金の状況を把握するために作成するといいですね。この「バランスシート」によって、自分の資産を“見える化”することができます。

さあ、これが、今のあなたのお金の状態です。ここからスタートしていくわけです。

バランスシート(　年　月　日現在)

資　産	
貯蓄	金額
(例)さくらんぼ銀行　1年定期	30万 円
	円
	円
	円
社内預金、財形貯蓄など	円
貯蓄合計(a)	円
その他の金融商品(保険・株など)	時価
(例)りんご生命　終身保険(解約返戻金)	28万 円
	円
その他の資産合計(b)	円
不動産	時価
	円
不動産合計(C)	円
資産合計(A) **(a)+(b)+(c)**	**円**

負　債

借入金	負債金額
(例)パンダカード(リボ払い残高)	8万 円
(例)住宅ローン(残高)	2,300万 円
	円
	円
	円
負債合計(B)	円

1. 現在の純資産を計算してみよう

資産合計(A)　　　　円 − 負債合計(B) = 純資産(C)

2. 不動産(c)がある人は、使えるお金を計算してみよう

不動産は、将来売ることができますが、今は使えるお金ではありません(58ページ参照)。

資産合計(A) − 不動産合計 = 使えるお金　　　　円

純資産(C)=(A)−(B)=　　　　円

WHAT TO STORE HOW MUCH?

12 自分の「バランスシート」のパターンを知る

「バランスシート」は、「自分の資産（A）－ 負債（B）＝純資産（C）」でした。つまり、「自分の資産（A）＝ 負債（B）＋純資産（C）」ですよね。当然、左と右の金額は必ず一致することになります。

わたしたちは、よほどのお金持ちでない限り、現金や家などの資産を持って、そして同時に負債（借金）を抱えて生活していますよね。自分の資産や借金をどう管理していくかが、これからの人生に大きな影響を及ぼしていくわけなのです。

「バランスシート」のパターンを３つに分類してみました。次ページの図をご覧ください。

①は、負債が少なく、純資産が多い理想的なタイプです。

②は、負債は多いのですが、バランスはとれていますね。住宅を購入してローンを組むとこうなります。

問題は③のタイプです。資産より負債が多くて、純資産がマイナスです。③は、仮に資産を全部売り払って現金にすることができたとしても、負債を払い切れません。ローン残高を清算することができないのです。思い当たる人もいるのでは？

でも、ご安心ください。③のような状態でも、毎月、一定の収入があって毎月返済を続けていれば、いつか借金はなくなり

バランスシートの3つのパターン
「あなたはどれ？」

① 負債（借金）が少なく、純資産が多い

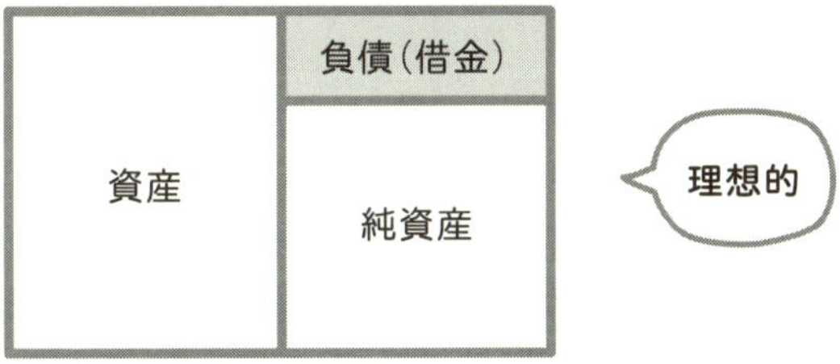

② 負債（借金）は多いが、バランスがとれている

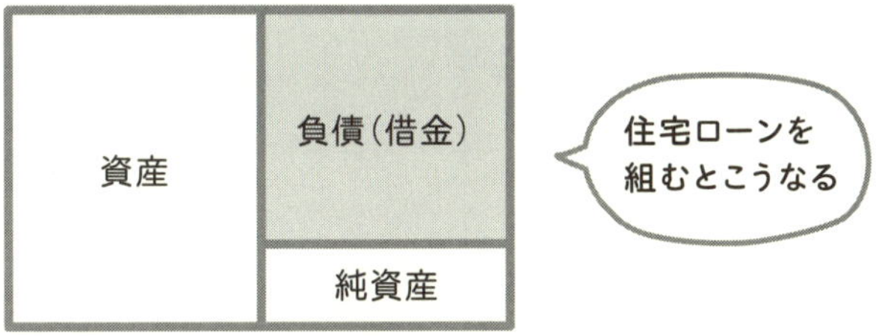

③ 資産より負債（借金）が多い

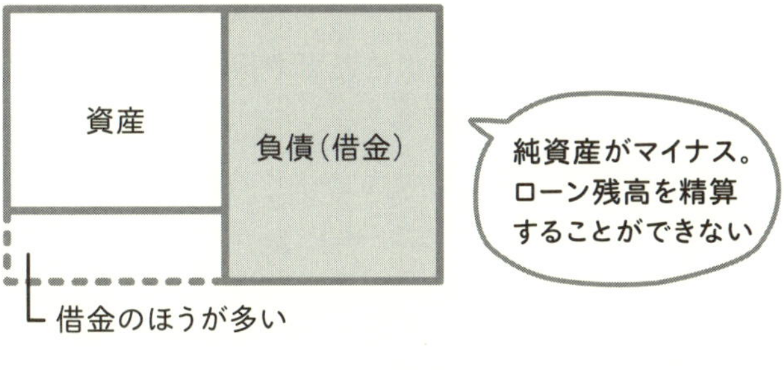

ます。たちまち困ってしまうということはありません。

気をつけたいのは、緊急な事態が起こって、まとまったお金が必要になった場合です。これは、家計がプラスであっても注意が必要です。

資産には、現金や預貯金のようにすぐに現金にできる資産と、住居のように、すぐには現金化できないものがあります。

たとえ純資産がプラスであっても、すぐに現金化できる資産が少ないと、もし、緊急の事態でお金が必要になった場合、困ったことになってしまいます。

ですから、ある程度の現金や預貯金は、持っておく必要があるのです。

大切なのは、自分の資産を“見える化”し、使えるお金（すぐに現金化できるお金＝流動性資産）がいくらあるかも合わせて把握しておくことです（前項参照）。

マンションなどの居住用不動産は、将来、売却して老後資金などに充てることもできますが、現時点では使えるお金として考えることはできません。

みなさんの中で、借金もなく、ある程度のまとまった預貯金があるという人は、「すでに資金を持っている」という状態です。「あなたの資金」は、今後、目標達成のために活用していくことができますね。ゴールにいくらか近いということです。

ぜひ、「バランスシート」を１年に一度つくってみることで、負債（借金）は、ちゃんと減っているか、正味の資産（純資産）は増えているかを確認しましょう。

さて、自分の資産がわかりましたね。

次の章からは、自分の目標額のお金を貯めるための、アクションプランを具体的につくっていきます。

でも、その前に。借金のある人は、まずそれをどうにかする必要があります。心当たりのある方は、下をお読みください。

マネーレッスン ABC 借金がある人はまずローン整理から

借金がある人は、まず、正確な借金（ローン）の合計金額を出しましょう。計画通り返済できているのなら大丈夫ですが、月々の返済後にはいくらもお金が残らなくて、またカードを使ってしまう……という状態の人は、「身内に立て替えてもらうこと」を検討してください。元金だけの返済になるので、ローン会社に返すよりはずっとラクになります。

他には、銀行の「おまとめローン」という方法もあります。これは、複数の借金をひとまとめにして返済していくものです。身内に借りるのと違って利息は発生しますが、借入状況によっては、月々の返済額が軽減されます。返済も月１回となり、精神的な負担も軽減されます。

返済先の整理ができたら、持っているカード類は、この際、すべて処分してください。これからは、住宅ローンや教育ローン以外の借金はしないことにしましょう。「どうにかなるか」という考えも捨ててしまってください。借金を完済するまでは、手元のお金だけで生活します。大変かもしれませんが、お金は天からは降ってきません。そのことをしっかりと体に刻み込みましょう。

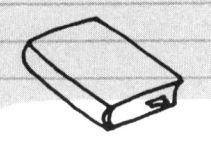

3章

お金が自然に貯まるしくみをつくろう

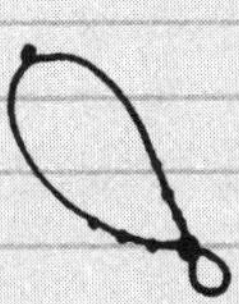

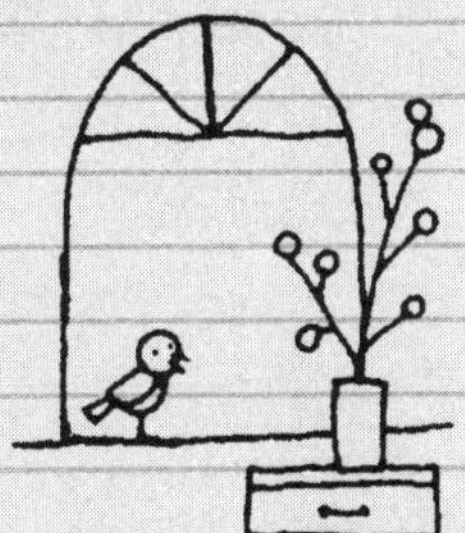

WHAT TO STORE HOW MUCH?

13 「使えるお金」と「使うお金」をきちんと確認！

「ここからはいよいよ実践ですよ。何の計画もなく、自由に使い切ってしまうと、貯蓄は永遠にできません」

「余ったら貯蓄しよう、じゃダメですね」

「そう！　その考えは今日限りできっぱり捨てましょう。お金を貯める一番のコツは、“自然に貯まる”しくみをつくることですよ」

「“自然に貯まる”しくみ？　わたしでも続けられるかしら……」

「貯金の習慣を長続きさせるためには、まず、自分がどのくらい貯金が可能なのかを知ることからはじめましょう。
無理のない貯蓄額を知るために、まず自分の支出を見直していく。ムダを省けば、その分、貯蓄ができるというわけですね」

＊

お金が自然に貯まるしくみをつくるときに知っておきたいこと、それは「使えるお金」と「使うお金」をきちんと区別することです。

お金が余ったら貯蓄に回そう、ではなく、まず貯蓄に回して、残りの予算の中で生活していくことです。

そのためには、生活をするための予算を立てます。そして、いくら貯蓄していくかを決めるのです。

まずは、毎月のお給料から、いくらくらい貯蓄に回すのか？から考えていきましょう。

みなさんは、「可処分所得」って聞いたことがありますか？

可処分所得とは、いわゆる「手取り」のこと。年収から所得税や住民税、社会保険料を差し引いて手元に残る金額のことです。つまり、口座に振り込まれている毎月のお給料の１年分で、「使えるお金」ということになります。

この「使えるお金（可処分所得）」から、「使うお金（ 支出の合計）」を差し引いたのが、貯蓄額となります。

つまり、この「手取り＝可処分所得」をどう使っていくか？で、貯蓄額が決まってくるというわけですね。

みなさんも、麻衣子さんと一緒に、まずは可処分所得の中でのやりくりを考えていってください。

基本の生活費の配分（予算）や、目標を達成するための貯蓄額を決めていきます。巻末の書き込みシートを使いながら、ひとつずつ確認していけば、難しいことはありません。

まずは、自分の年間の「可処分所得＝手取り」がいくらなのかを書き込んでみてください。毎月、銀行に振り込まれるお給料の１年分を合計してもいいですし、また、次ページの「マネーレッスン ABC」を参考に計算することもできます。

マネーレッスン ABC　わたしの可処分所得はいくら?

まずは、源泉徴収票と1カ月分の給与明細書、通帳をご用意ください。

源泉徴収票の「支払い金額」というのが、あなたのお給料（年収）です。そこから、②源泉徴収額（所得税）と③社会保険料（社会保険料等の金額）と住民税を差し引いたものが、あなたの手取り収入（可処分所得）となります（社会保険料については75ページ参照）。

可処分所得(手取り)＝①支払金額－(②源泉徴収額(所得税)＋③社会保険料＋住民税※)

※住民税＝給与明細の住民税×12(カ月)

可処分所得(手取り)(A)	円

可処分所得がわかったら、次は、いくら貯蓄に回せるかを考えていきましょう。

「使えるお金」－「使うお金」＝「貯蓄額」

WHAT TO STORE HOW MUCH?

14 お金をどうやって使っていくか？

「これまでわたしは、毎月会社から振り込まれるお金を全部使ってしまうから、貯金ができなかったわけですね」

「毎月、お給料を計画なしに使い切ってしまうと、もちろん貯蓄は永遠にできないわね。でも、麻衣子ちゃんは、余ったら貯蓄をしようという考えは改めたのよね？」

「はい。でも、わたし、お金に関しては誘惑に弱いというか、意志薄弱というか。仕事では結構根性があると思うのですが……」

「ムダ遣いを誰かに止めてもらえるわけではないしね。決心してもなかなか難しいところはあるわよね。だから、予算をちゃんと立てるの。難しく考えることはないわ。いい方法があるからまずやってみましょう」

＊

１章で、お金を増やすには、３つの方法しかありませんとお話ししましたね。覚えていますか？　お金を増やす３つの方法とは、①収入を増やす、②支出を減らす、③お金に働いてもらう（お金を育てる）、でした。

３章では、「お金をどうやって使うか」ということを考えていきますが、多くの読者のみなさんにとっては、「②支出を減らす」ということになると思います。

支出を減らすということは、つまり、ムダ遣いをなくして、貯蓄を増やすこと。あなたが、今、支出を減らせるところ、ムダ遣いをなくせるところって、どこでしょうか？

きっと、なんとなく心当たりはありますよね。でも、「なんとなく」のままでは「余ったら貯金」体質から抜け出せません。

予算は、あなたの消費行動の目安になります。目をふさぎたくなる気持ちはわかりますが、ここで、あなたが毎月（毎年）いくら使っているのか、明らかにしていきましょう。

まず、どうしても削れない住居費や光熱費、食費などの基本の生活費を確保します。

基本の生活費以外の残りは、何に使っても大丈夫ということになります。

次ページの図をご覧ください。これは、全国平均から算出した配分です。

あなたならどうでしょう？　わたしは美容代にもっとかけたいと思えば、他の項目を削ることになります。ご自宅で生活していて住居費も食費もいらないという人は、他の項目にお金を回せますね。

また、スキルアップや人脈、見聞を広げるのに有効なお金の使い道もぜひ考えてみてください。

旅行や大きな買い物の予定がある場合は、預貯金をあてにするのではなく、前もって別にお金をとっておきます。月々に余裕がない人は、ボーナスのときなどにキープしておきましょう。

全国平均から出した配分

		可処分所得21万円とした場合の目安	年間に換算すると
預貯金	10〜25%	21,000〜53,000円	252,000〜636,000円
居住費	14〜34%	29,000〜71,000円	348,000〜852,000円
食費	14〜19%	29,000〜40,000円	348,000〜480,000円
水道・光熱費	4.5〜5%	9,000〜11,000円	108,000〜132,000円
交通・通信費	6〜8%	13,000〜17,000円	156,000〜204,000円
生命保険料	2〜5%	4,000〜11,000円	48,000〜132,000円
洋服代	4〜5%	8,000〜11,000円	96,000〜132,000円
美容費	4〜5%	8,000〜11,000円	96,000〜132,000円
保健・衛生・医療費	4〜5%	8,000〜11,000円	96,000〜132,000円
交際費・こづかい	13〜15%	27,000〜32,000円	324,000〜384,000円
自己投資	4〜5%	8,000〜11,000円	96,000〜132,000円
その他	4〜5%	8,000〜11,000円	96,000〜132,000円

※1,000円未満四捨五入

では、麻衣子さんのケースで具体的に見てみましょう。

麻衣子さんはひとり暮らしで、手取額は25万円。ボーナスが年2回で30万円ずつ、可処分所得は360万円です。

麻衣子さんのめざしたい金額と配分は次ページのようになります。

麻衣子さんは、「ビジョンシート」のプランを実現するためにめざしたい予算ですね。キャリアアップのためにがんばりながら、同時に貯蓄をしていくために、支出の配分を考えました。

麻衣子さんが、この予算を守ることができれば、年間の支出の合計は270万円ですので、年間90万円も余ることになります。これまでほぼ全部、使い切ってしまっていたのに！

麻衣子のめざしたい予算（所得360万円）

		可処分所得25万円／月	年間に換算すると
居住費	28%	70,000円	840,000円
食費	16%	40,000円	480,000円
水道・光熱費	4%	10,000円	120,000円
交通・通信費	5%	12,500円	150,000円
生命保険料	2%	5,000円	60,000円
洋服代	4%	10,000円	120,000円
美容費	3%	7,500円	90,000円
保健・衛生・医療費	2%	5,000円	60,000円
交際費・こづかい	12%	30,000円	360,000円
自己投資	4%	10,000円	120,000円
その他	ボーナスから		300,000円
合計		200,000円	2,700,000円

→「360万円−270万円=90万円」余裕ができる！

女性のひとり暮らしなので、会社からの補助が若干はありますが、どうしてもお家賃は高め。その分、水道、光熱費、食費などを節約したいと考えています。
これまで、月に2・3万円、平気で使っていた被服費や美容費も思いきって減らそうと思います。
自己投資のための予算もとりました。経営企画室に行くという目標のために、英会話をはじめます！

支出の項目ごとの配分（麻衣子の例）

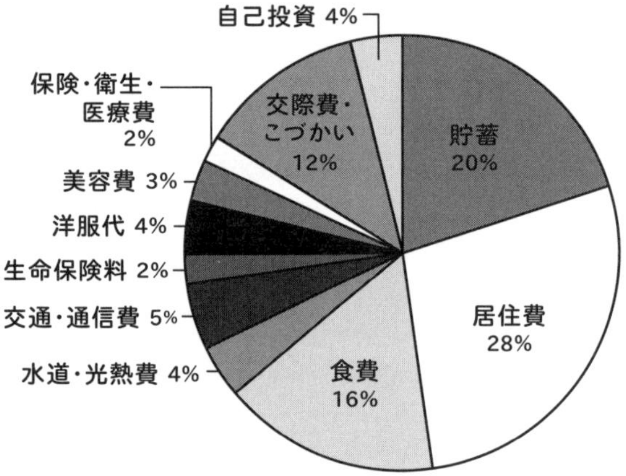

この90万円は、言ってみれば、何に使っても大丈夫なお金です。お洋服を買っても、旅行に行ってもOK。自由に使えるお金、「自由資金」です（ただし、これは来年の自由資金です）。

でも、まさか「さあ、何に使おう？」なんて考えている人はいませんよね？　この自由資金は、貯蓄をすることができる「貯蓄可能金額」でもあるのですから。

いかがですか？　こうして年間で金額を眺めてみると、それほど切り詰めて生活しなくても、なんとかやっていけそうな気がしませんか？

支出の項目

居住費	居住費は、地域によって差があります。単身世帯だと、平均37,107円(平成21年全国消費実態調査より)となっています。しかし、首都圏の家賃は大変高くて、6〜7万円はかかってしまうという人が多いようです
食費	外食が多い人は、美容と健康のことを考えて、自炊をして食費をシェイプしましょう。1食分のお買い物はかえって不経済になったりします。夕飯だけを自炊にするより、お弁当もつくるようにすると経済的ですよ。出かけるときのマイボトル持参もおすすめです。最近は、かわいいポットがたくさん売っていますし、わたしはお肌のためにもいつもはと麦茶持参です
交通費・通信費	住む地域によってさまざまなのが交通費。公共の乗り物が高いところ、車がないと不便なところもあると思います。 また、人によって通信費もまちまちなので、この項目を一緒にしました。目安くらいまでに抑えられるように、プランの見直しなどをしてみてください
生命保険料	民間の生命保険会社や共済などの保険料(共済は掛け金)です。自分が加入している保険料や保障内容はわかっていますか? どういう保険に入ればいいのかなど、考え方については、5章で詳しくお話ししますね
洋服代・美容費	毎月必要ないという人は、年間で考えればいいでしょう。美容室代やエクステ、ネイル代もここに含まれます
保健・衛生・医療費など	毎月かかるわけではないちょっとした薬代や医療費、衛生用品や家事にかかる洗剤などの費用です
交際費・こづかい	飲み代などももちろん含まれます。お家で飲むお酒も、食費ではなくこっちです
自己投資	スキルアップなどのために使うお金です。本代や新聞代などもここに入れてください
その他	冠婚葬祭、帰省代や旅行代などです。電化製品など大きな買い物もここに含めます

WHAT TO STORE HOW MUCH?

15

「わたしの予算」を出してみよう

では、みなさんも実際にめざしたい予算の配分を考えてみましょう。

まず、毎月の支出を考えていきます。基本の生活費は今、実際支払っている金額を目安にしますが、ムダが多いなという自覚のある人は、全国平均から出した配分（68ページ）を参考にしてください。

下記のステップにそって、次ページの「わたしの予算シート」に記入していきます。

STEP 1　まず、固定費を記入する

「固定費」というのは、家賃や生命保険の保険料や水道・光熱費などのこと。これらは月々の支払い額があまり変わらず、前もって予測することができます。

もし、わからない人は、通帳を見るとよいでしょう。毎月、だいたい決まった金額が引き落とされていると思います。

毎月の金額と年間の金額（毎月の金額×12カ月）を記入してください。

STEP 2　残りのお金を配分する

月々、支出する金額が変わるものを「変動費」といいます。

わたしの予算シート

	項目	内容	毎月	年間(毎月×12)
固定費	居住費	家賃(管理費などを含めた金額)を記入。住宅ローンを支払っている人もここに記入		
固定費	水道・光熱費			
固定費	生命保険料	民間保険会社の保険料や共済の掛け金。年払いをしている人は毎月の記入は不要		
固定費	その他住宅関連費用	固定資産税、火災保険料、地震保険料などを記入		
変動費	食費	ランチ代を含む。飲み会の費用、お家飲みのお酒代などは入れない		
変動費	交通・通信費	通勤の交通費以外。固定電話、携帯料金、ネット代などを合計する		
変動費	洋服代	靴、洋服、バック、アクセサリー代など		
変動費	美容費	化粧品、美容室、ネイル代など		
変動費	保健・衛生・医療費	薬、病院の医療費。トイレットペーパーや洗剤など日用の衛生用品もここに含める		
変動費	交際費・こづかい	飲み代やお家飲みのお酒代、自己投資以外の雑誌代など		
変動費	自己投資	新聞代、習い事の費用、セミナー代など		
変動費	その他	帰省費用など毎年かかるもの		
	支出の合計		円	円

変動費は、食費や洋服代、通信費など、個人によって差が出てくる部分です。

（可処分所得 − 固定費） = （変動費 + 貯蓄）

という計算になります。

変動費は、項目別に予算を立てていきましょう。

項目別の内容は「わたしの予算シート」にも記していますが、どのくらいの予算を立てればいいのかよくわからないという人は、68ページの図を参考にしてください。

「自己投資」については、これまであまり考えてこなかったという人もいるかもしれません。これを機会に、スキルアップや人脈、見聞を広げるのに有効なお金の使い道もぜひ考えてみてください。

1カ月の予算を立てたら、それを12倍すれば、「年間予算」が出ます。変動費の合計金額はいくらになりましたか？

STEP 3 貯蓄可能な金額を計算する

固定費と変動費が出たら、あなたの「自由資金」が出ます。つまり、貯蓄可能金額ですね。

（可処分所得）−（固定費＋変動費）= 貯蓄可能金額

あなたが預貯金できる金額はいくらになりましたか？

貯蓄可能額	円

今あなたが立てた予算は、これからあなたの「消費行動の目安＝軸」になります。「消費行動」というのは、生活をしていくために必要なお金の使い方です。「浪費」とは違います。

あなたが、この予算内でちゃんと生活をしていくことができれば、結果的にお金を貯めていくことができるのです。

マネーレッスン ABC　社会保険料等の控除額とは?

給与所得の源泉徴収票には、「社会保険料等の控除額」という項目があります。これは、その年に支払った公的年金の保険料、医療保険料、介護保険料（40歳以上の人）の金額です。

わたしたちは、すでに、「社会保障制度」という国による大きな保障を持っています。社会保障制度とは、すべての国民を対象とする公的年金、医療・介護保険、子育て支援、生活保護、福祉、公衆衛生などのこと。普段あまり意識していないかもしれませんが、わたしたちは一生涯にわたって国に守られているのです。

WHAT TO STORE HOW MUCH?

16 いくら貯金すればいいの？

でも、預貯金は一体、どのくらいしていけばよいのでしょうか？

そんなこと、これまで教わったこともないし、よくわからない、という人が多いと思います。ここでは、その目安をお教えします。

無理は禁物ですが、少なくとも10％、可処分所得の15～25％くらいは貯蓄ができるといいと思います。

ボーナス時にプラスできると、貯蓄のスピードはアップしますね。

具体的には、所得（手取り年収）が300万円の人なら、15％を貯蓄すれば、年間45万円。月にすると、３万7500円になります。

月に２万円ずつ、ボーナス時に10万円ずつというようにしてもかまいません。

月々、貯蓄していくのが難しければ、ボーナス時だけでも貯蓄をするようにやりくりしましょう。

そして、ある程度の金額がまとまったら、定期預貯金にしたり（82ページ参照）、一部を運用していく（４章参照）といいでしょう。

もし、借金があるという人は、まずは借金返済を第一に考えてくださいね。余分な支出を減らし、節約モードで１日も早い完済をめざしましょう。

でも、お金を貯めることが目的ではありません。預金通帳の残高が増えていくのが楽しみなんてもってのほかですよ。人生の夢や目標を叶えるための貯蓄です。

貯蓄は1カ月いくらくらいが目安？

手取り年収（可処分所得）× 15〜25％ = 年間貯蓄額の目安

（例）手取り年収が300万円の場合

300万円×15％=45万円÷12カ月=月々37,500円

ボーナスを上手に貯めれば、貯蓄のスピードアップ！

WHAT TO STORE HOW MUCH?

17 貯蓄計画表をつくろう

「麻衣子ちゃんは、年間90万円ものお金が残るということになったわね」

「予算シートをつくってみて、いかに浪費が多かったか、反省しました。お金ってちゃんと意識していないと、跡形もなく消えちゃいますね……」

「ホントにそうね。でも、今、30代でちゃんとそう思えたことがよかったわ。これからよ」

「そうですね！」

「では、もっと具体的に、目標実現のための貯蓄計画を立てていきましょう」

＊

では、実際に「いくら貯めていけばいいの？」ということを考えていきましょう。

みなさんにつくってもらった「ビジョンシート」は、５年間のプランでしたね。「結局、いくら貯めればいいの？」という疑問には、もっと先のこと、たとえば、リタイアしてからの資金のことも含まれていると思います。

でも、ライフプランは、これからもどんどん変化していきますし、あまり長いスパンで考えるより、まずは、この５年間のことを考えていきましょう。

貯蓄計画表①(麻衣子の例)

		年間
可処分所得 (A)	収入から税金や社会保険料を引いたもの	360万円
支出の合計 (B)	「わたしの予算シート」(73ページ)の支出の合計	270万円
(A)-(B)	貯蓄可能金額	90万円

次の作業は、「貯蓄計画表」をつくること。目標の貯蓄額と、それを達成するために毎月いくらずつ貯金していくかを考えます。

貯蓄計画表 ①

あなたの可処分所得や、先ほど「わたしの予算シート」で立てた予算などを整理しておきましょう。201ページのシートの(A)の欄に、可処分所得を、(B)の欄に支出の合計を書き込んでください。

(A)-(B)を計算し、貯蓄可能金額を出します(74ページSTEP ③の金額)。

貯蓄計画表②（麻衣子の例）

現在の貯蓄額	定期預金	30万円	
目的	期限	目標金額	優先順位
英会話スクール、書道教室費用	2016年12月	96万円(a)	2
旅行積立	2017年6月	30万円(b)	4
父母への還暦のお祝い	2014年10月	20万円(c)	2
緊急予備資金	2013年12月	75万円(d)	1

貯蓄計画表②

次に、目標貯蓄額を決めていきます。もちろん全部を貯蓄に回してもいいですし、「自由資金」と配分してもかまいません。この考え方について、麻衣子さんのケースで一緒に見ていきましょう。

＊

「貯蓄可能額 90万円のうち、貯蓄にいくら回していきましょうか。麻衣子ちゃんは、いつまでにいくら貯めたかったのかしら。ビジョンシート（46 ページ）ね。このシートで立てた予算から決めていきます」

「英会話スクールは、10月から通います。月謝 2 万円のうち、1 万円は自己投資の費用から回して、残りの1万円は、今

ある定期預金から補充することにします」

「そうすると、貯蓄計画表②の『英会話スクール、書道教室費用』の欄に記入するのは、来年以降（2013年～2016年）の２年分と書道教室2年分の合計4年間分になるわね」

「38歳で行く予定の南米旅行は、おこづかいなど30万円(b)貯めたいです。父母への還暦のお祝い（c）は20万円です」

「(d）は、いざというときの緊急予備資金を記入してくださいね。金額が記入できたら、期限を入れて、優先順位をつけていきます。麻衣子ちゃんは、今、貯金がとっても少ないから、優先順位1番は緊急予備資金よ」

＊

（ｄ）の緊急予備資金は、病気やケガになったときのためのものです。最低３カ月分（理想は半年から１年分）を目標に貯金していきましょう。

この要領で、みなさんもご自身で貯蓄計画表②（202ページ）に記入してみてください。優先順位も決めてくださいね。

貯蓄計画表②から、５年間の目標貯蓄額が出ましたね。

麻衣子さんの場合は、５年間の目標金額の合計は、

(a)＋(b)＋(c)＋(d)＝221万円　でした。

麻衣子さんの年間の貯蓄可能金額は90万円ですので、全部貯蓄に回せば、約２年半で目標達成することができる計算になります（221万円÷90万円＝2.4年）。

みなさんは、いかがですか？

WHAT TO STORE HOW MUCH?

18

お金を自然に貯める3つのルール

お金を貯めるコツは、自然に貯まるしくみをつくるのが一番というのはお話ししましたね。しくみをうまく、挫折せずに実践していくためには、次の3つのルールがあります。

以下に説明していきますので、ぜひ、この3つだけは心にとめておいてくださいね。

ルール1 お給料をもらったらまず貯蓄

たとえば、給与天引きで「積立定期預金（貯金）」や「財形貯蓄」などをしているという人もいるかもしれませんが、それもお金が自然に貯まるしくみです。定期積立をやっている人は、いつの間にかお金が貯まっているのではないですか？

お給料をもらって最初の行動が人生を左右します。「年収分くらいは貯金をしている」という人のほとんどは、給与天引きでまず貯蓄をし、その口座には絶対に手をつけないというルールを守っています。

ちなみに、定期預貯金というのは、1年間、3年間など、一定期間引き出せないことを前提にしている預貯金です。

普通、預貯金は、自由にお金を引き出せるものですが、一定期間引き出せない定期預貯金のように流動性が低くなるほど金利は高くなります。

お金を貯めるための口座は、比較的金利が高めのネット銀行を利用するのもいいと思います。ネット銀行は、コンビニに設置されたＡＴＭを利用できるので、給料が振り込まれたらまず貯金してしまいましょう。

ルール２ 口座は２つつくる

お給料をもらって最初の行動が人生を左右する、ということはすでにお話ししましたが、会社でお給料を２つの口座に分けて振込をしてくれるなら、そうしましょう。

「口座は２つつくる」。これがお金を自然に貯める２つめのルールです。

ひとつめの口座は、お給料が振り込まれ、家賃や光熱費が引き落とされる生活に使う「生活口座」です。

ふたつめの口座は、貯蓄をしていく「貯める口座」です。銀行で手続きをすれば、口座から毎月決まった金額を引き去って定期積立てをすることもできます。「貯める口座」には絶対に手をつけないこと！　確実に貯蓄をするコツですね。

今は、ほとんどが総合口座だと思いますが、総合口座というのは、普通預貯金や定期預貯金などが１つになったものです。「生活口座」は、この総合口座にしておきましょう。

そして、自由資金からいくらかを、この定期預貯金に入れておきます。そうすれば、もし万一、残高不足になったとしても、定期から借入することができます。

借入ですので、利子はつきますが、次のお給料で相殺される（借入期間が短い）ため、金額は微々たるものです。

「貯める口座」は、くどいようですが、期限まで一切手をつけない！　お金を入金したら、存在そのものを忘れているくらいにしましょうね。

ルール３　予算を守る

お金を自然に貯める３つめのルールは、予算を守るということです。

難しそう？　そうですね、今まで何も考えずに行き当たりばったりでお金を使っていた人には少し大変なこともあるかもしれません。でも、あなたの夢や目標を叶えるためです。まずはとにかく、実践してみましょう。

毎月、ちゃんと目標額の貯蓄をしていくために、予算通りにいっているかどうかを確認することはとても大切。その実際の確認方法を次項で教えます。

お金が自然に貯まるしくみをつくろう

❶ お給料をもらったらまず貯蓄

❷ 口座は2つつくる

❸ 予算を守る

WHAT TO STORE HOW MUCH?

19 ゆとりを持って予算を立てれば、つらくない

「わたしは、毎月4万円ずつ貯金をしていくことにしました。お給料をもらったら、まず「貯める口座」に入金ですね。そうすると、1年間で48万円の貯金が可能！　もう少しがんばれそうな気もするけど、はじめはハードル下げておきます」

「麻衣子ちゃんは、貯蓄分を除いて42万円の余裕があるのね。この自由資金は、仮に全部使ってしまっても大丈夫。罪悪感を持つ必要はないわ。余裕のない予算を立てると、たいてい失敗するもの。このゆとりの42万円があれば、友達の結婚式に招待された場合など冠婚葬祭にも対応できるでしょう？」

「罪悪感を持たなくていいって気がラクですね！」

＊

もう少し余裕を持って貯金をしたい場合、貯蓄可能金額のうちのいくらかを「自由に使えるお金（自由資金）」として考えればよいでしょう。

自由資金は、旅行や冠婚葬祭、家電の買い替え、住居の更新料など一時的な支出のために使うことができます。自分へのごほうびのための贅沢だってＯＫです。

もちろん、使わなければ貯蓄に回してくださいね。

実はわたし自身、もともとアバウトな性格で、節約するのが

貯蓄計画表③（麻衣子の例）

	年間	毎月（年間÷12）
(A)－(B)	90万円	
目標貯蓄額(C)	48万円	4万円
自由資金(A)－(C)	42万円	

とても苦手なのです。でも、決めたことが守れないのもストレスになるので、いかにストレスを溜めないように予算を立てるかを考えました。そこで、だいたい収入の１割を残し、残りの９割で予算を立てることにしたのです。

予算が守れないというのは、結構、挫折感を味わうものですよね。お金とうまくつきあっていくためには、なるべくストレスを溜めないこともポイントです。

自由資金は、もともと何に使ってもいいので、飲み代に使おうが、洋服を買おうが、数カ月貯めて１回多く旅行に行こうがいいわけです。それは浪費と考えないで、自由資金の生きた使い道としましょう。

みなさんも、203ページの「貯蓄計画表③」に記入してみてください。

WHAT TO STORE HOW MUCH?

20 予算を立てれば、どれくらい貯まるかがわかる

自由資金は使い切ってもいいというけれど、本当に貯蓄プランにそってお金がきちんと貯まっていくのか不安……という方もいらっしゃると思います。

プラン通りに予算を達成できているか、定期的に確認することも大事ですから、ここでは「貯蓄額推移表」のつくり方をお教えします。

お金が「貯める口座」に入ることを「キャッシュイン（CI）」、貯蓄計画表②の期日がきたら「貯める口座」から出て行くことを「キャッシュアウト（CO）」とします。

貯蓄額推移表のつくり方

STEP 1 **ビジョンシートからCOを記入する**

1年目（2012年）は9～12月になっているので注意してください。

STEP 2 **年間の預貯金の金額をCIに記入する**

STEP 3 **貯蓄額を計算する**

1年目に現在の貯金残高をプラスするのを忘れずに。

麻衣子さんの場合、次のように推移しています。みなさんも、麻衣子さんのように目標を達成しながら、お金は増えていっていますか？

貯蓄額推移表（麻衣子の例）

	2012年 9〜12月	〜2013年 12月	〜2014年 12月	〜2015年 12月	〜2016年 12月	〜2017年 12月
CI	160,000円	480,000円	480,000円	480,000円	480,000円	480,000円
CO	60,000円 ①	340,000円 ②	340,000円 ③	240,000円 ④	240,000円 ⑤	300,000円 ⑥
貯蓄額	400,000円	540,000円	680,000円	920,000円	1,160,000円	1,340,000円

CI：キャッシュイン　CO：キャッシュアウト

①10〜12月の英会話スクール代、月１万円（残りの１万円は、自己投資のお金から賄う）と入会金３万円は、これまでの貯金から取り崩す。
CO：１万円×３カ月＋３万円＝６万円
貯蓄残高：24万円＋CI16万円＝40万円

② CO：英会話スクール代24万円＋父の還暦のプレゼント代10万円＝34万円
貯蓄残高：40万円＋CI48万円－34万円＝54万円

③ CO：英会話スクール代24万円＋母の還暦のプレゼント代10万円＝34万円
貯蓄残高：54万円＋CI48万円－34万円＝68万円

④ CO：書道教室代24万円
貯蓄残高：68万円＋CI48万円－24万円＝92万円

⑤ CO：書道教室代24万円
貯蓄残高：92万円＋CI48万円－24万円＝116万円

⑥ CO：南米旅行にプラスする30万円＝30万円
貯蓄残高：116万円＋CI48万円－30万円＝134万円

WHAT TO STORE HOW MUCH?

21 とにかくひと月やってみる！

ここまで、貯金体質がどうしても身につかなかった人でもできる、「お金が自然に貯まるしくみ」のつくり方、実行の方法を解説してきました。

わたしにできるかな……？　と不安を持っていらっしゃる方も多いかもしれません。

でも、とにかく、やってみること！　これが一番の不安解消法です。実際に１カ月生活して、ひと月のあなたのお金の流れを把握してみてください。

まずは、ひと月の集計をするために、支出を全部メモしましょう。おこづかい帳などのアプリを使うのもおすすめです。

ただし、ひとつだけ守ってほしい約束があります。

それは、絶対にクレジットカードは使わないこと！

もし、今月、支払いがある人は、預貯金は来月からのスタートでかまいません。預貯金の予算分以上の支払いがある場合は、今ある預貯金から支払うなどして、生活費の予算分は確保してください。

１カ月経ったら、お給料日の前日を締め日にして集計しましょう。メモした支出を合計して、「ひと月の集計表」（次ページ）に記入すればＯＫです。

ひと月の集計表

	項目	今月の予算	今月の支出	反省・修正点
固定費	居住費			
	水道・光熱費			
	生命保険料			
	その他 住宅関連費用			
流動費	食費			
	交通・通信費			
	洋服代			
	美容費			
	保健・衛生・ 医療費			
	交際費・こづかい			
	自己投資			
	その他（　　　）			
	支出の合計			

※上に分類できない項目がある人は「その他」に入れてください

集計表はなるべく全部埋めてほしいところですが、どうしてもわからないところは大体の金額でかまいません。まずは書けるところから記入してみましょう。

「ビジョンシート」は、今後つくり直すこともできますので、まずは思いつくまま自由に書いてみてくださいね。

具体的なプランが思いつかない人は、今なんとなくやってみたいな、と思っていることでＯＫです。

「ひと月の集計表」では、予算と実際の支出を比較します。

いかがでしたか？　ムダ遣いはなかったですか？

予算よりも実際の支出が大きかった人は、その原因を考えてみてください。

その場合、修正・改善していくのは「消費行動」から、です。すぐに予算を増やしたりしないでくださいね。

食費が予算をオーバーしていれば、少し外食を控え、お弁当を持っていく、夜は自炊する日を増やすなどして、支出を抑える努力を少しだけしてみてください。

携帯電話代のプランを変えるなど、削減できるところはまだまだあるかもしれません。

支出を減らす方法については、次項を参考にしてください。

それでも、どうしてもうまくいきそうもないときは、やはり予算にムリがあったといえるでしょう。再検討が必要かもしれません。

ところで、麻衣子さんは、どうだったのでしょう？

WHAT TO STORE HOW MUCH?

22

すぐできる支出を減らすコツ

「みずほさん、わたし、結構がんばりました」

「結果は？」

「それが……」

「予算通りにはいかなかったようね」

「少し予算を上げたほうがいいのかもしれません」

「ちょっと待って。その前に、簡単にできる支出を減らすコツをいくつかご紹介するわ。もう少しがんばってみましょう」

＊

麻衣子さんのように、うまくいかなかった人もいるかもしれません。すぐできる支出を減らすコツをご紹介しますね。

◆お金は一度におろして仕分けする

お金を手元に置いておくのは心配という人もいるかもしれませんが、お金は月に一度まとめておろしておくのがおすすめです。ATM 手数料もかかりませんし、ちょくちょくおろして使うより、管理がラクです。残金が一目でわかりますしね。

まとめておろしたお金は、どう管理するかがポイントです。

❶まず、封筒を７枚用意する

❷７枚の封筒には、項目と予算を記入する。項目は、①食費、②交通費（通信費は銀行引き落とし等になっている人が多い

と思うので除く）、③洋服代、④美容費、⑤保健・衛生・医療費、⑥交際費・こづかい、⑦自己投資
の７つ（⑧その他がある場合は８つ）
❸お給料が出たら、支出分を全額おろして、封筒に仕分けする
❹お金を使うたびに項目と金額、残金を書いていく

次ページの封筒ラベル例を参考にしてください。こうすれば、１カ月のキャッシュフローが一目瞭然です。

この封筒レコード法は、アナログなやり方ですが、行動を修正していくには一番です。

数カ月、実行するうちに、予算内で生活することを身体で覚えられると思います。

自分の決めた決算日に残金があれば、次の月に繰り越してかまいません。ささやかな余裕ができますね。

たとえば、被服費など、今月使わなかったら、来月は倍の金額になります。「お金を貯めてから使う」ということが実践できます。“プチ貯金”ですね。

クレジットカードで支払ったときは、金額を記入し、その分を封筒から支払い、面倒でも銀行口座に入金してくださいね。

◆通信費を見直す

通信費が大きい人は、プランの見直しも一緒にしてみてください。カスタマーセンターに電話をすれば、最適なプランを教えてくれます。

余談ですが、わたしは、家族で一緒に通信会社を替えて、代

封筒ラベルの例

(例)食費	円

日付	項目メモ	金額	残金
(例)4月25日	お米5kg	2,000円	38,000円
(例)4月26日	野菜や肉など	1,800円	36,200円
残金			

金が半分になりました。契約月に変更するなど注意は必要ですが、検討の余地はあると思います。

◆年払いにすればお得なものも

生命保険料や損害保険料、火災保険料、NHK受信料など、「年払い」にすると割引されるものは、年払いしてしまいましょう。最初の１年分を支払ったら、仕分け袋を利用して来年度の支払い分を貯めていけばいいですね。

◆手数料をタダにする！

ATMで、時間外でお金をおろしたり、振込をすると、手数料がかかります。ATMの手数料はバカにできません。

１回の手数料は少額でも、年間で計算したらびっくり、なんていう人もいるのではないでしょうか。金利が低い今、微々たる金利分が一度で吹き飛んでしまうということにもなりかねません。

まずは、できるだけ手数料がかからないお金のおろし方を心がけましょう。

大手銀行には、預金残高が一定額以上あり、給与の受取口座やクレジットカードの引き落とし口座にしていると、特典が受けられる場合があります。たとえば、ＡＴＭの時間外手数料が無料、振込手数料が月に３件まで無料になるなどです。銀行ごとに内容は異なりますので、ぜひ調べてみてください。

ちなみに、ゆうちょ銀行は、預け入れ額が1000万円までと上限がありますが、土日でもゆうちょのATM手数料はかかりません。

2011年の東日本大震災のとき、ゆうちょ銀行では、本人証明できれば、他銀行の倍の20万円までお金を引き出すことができました。ゆうちょ銀行の口座を1つ持っておくといいかもしれません。

いずれも、1つひとつは小さな金額ですが、チリも積もれば……で、年間で考えれば、少しうれしい効果があります。手軽にできることばかりなので、ぜひトライしてください。

また、「固定費を削減しなくては」と、感じているあなた。節電などで光熱費は減らせるかもしれません。

引っ越し費用や敷金・礼金などのコストを考えても効果があるようなら、住居の見直しをするのもいいでしょう。

さらに、保険料や、住宅ローンの見直しもしましょう。こちらは慎重に行なってください。

WHAT TO STORE HOW MUCH?

23 クレジットカードを使うときの注意点

今後、クレジットカードを使うこともあると思います。ポイントが貯まるし、管理がしやすいのでクレジットカード派だという人もいるでしょう。

でも、クレジットで買い物をするということは、未来のお金を使ってしまうことです。貯蓄の機会をなくしてしまうことにだってなりかねません。手元の現金が減らないせいで、お金を使ったという感覚にも乏しくなってしまうため、つい、使いすぎてしまいます。ムダ遣いにつながることが多いので、使うときには注意が必要です。

◆リボルビング払いはソン！

クレジットカードの使用は、手数料のかからない１回払い、もしくは２回払いまでにしましょう。リボ払いは、便利なように思いますが、使用に気をつけたい金融商品です。限度額内なら返済額は一定なので、毎月の返済額が増えないまま追加で買い物ができ、使いすぎてしまうことが多いのです。

また、利子や手数料が高くなってしまうことも、注意すべき特徴です。バーゲンで、安いからとたくさん買ってリボ払いにしたら、結局、利子が高くついて損してしまう、なんてことにもなりかねません。

マネーレッスン ABC　リボ払いのしくみ

リボルビング払いのしくみはこうです。たとえば、10万円の買い物をしました。月々の返済額は1万円です。手数料は15%です。

1万円の返済額のうち、元金（この場合は10万円）の返済に充てられるのは、利子分1,250円を差し引いた8,750円です。リボ払いは、手数料（実質年率）が高いので、こうなってしまいます。計算すると、10回の支払いで完済しますが、利子手数料合計は7,426円でした。支出を減らすためには、リボ払いはもう使わないほうがよさそうですね。

◆使わないクレジットカードはこの際処分！

クレジットカードには、年会費がいるものといらないものがあります。カードのうれしい特典といえば、ポイント還元。カード払いにすればポイントが還元され、1ポイントいくらで換算できるというものです。でも、たまにしか使わないのに、年会費に何千円となるとソンですね。この際、使わないカードは処分してしまいしょう。よく利用するお店の年会費無料のもの1、2枚だけを持つようにすればいいと思います。

◆クレジットカードはかしこく使う

クレジットカードもかしこく使えばお得です。たとえば、公共料金、新聞代、保険料、プロバイダー料金、携帯料金代などをクレジットカードの引き落としにすれば、ポイントが貯まります。1枚のカードに集約しましょう。

WHAT TO STORE HOW MUCH?

24 それでも、続けるのがしんどい……と感じたら

毎日ちゃんと支出を記録できていたのに、うっかりレシートをもらい忘れたら、モチベーションが下がって、その後続かなくなってしまう……という人は多いと思います。

ちゃんと家計簿をつけなくちゃ！　という意識が強いほど、中断してしまったことに挫折感を覚えてしまうようですね。なぜでしょう？

もしかしたら、目的を見失ってしまっているからかもしれません。そもそも、あなたは、何のために支出の記録をしているのでしょう？

ムダをなくして、目安の範囲の中で生活をし、そして「貯蓄」をするためです。

貯蓄の目的を思い出してください。わたしたちは、将来の幸せのために、自分のために貯蓄をしています。自分らしい人生を送るために、今、少しだけガマンをしているのです。

もしかしたら、みなさんの中には、「支出を記録する（家計簿をつける）＝節約しなければならない＝苦しい」というイメージがあるのかもしれません。

そうだとすると、「レシートをもらい忘れた！」→「いくらだったかわかんない！」→「もういいや！」「もうやめた！」

……というような気持ちにもなってしまいます。

別に、一度くらい忘れたっていいじゃないですか。大体このくらいだったかな、で記録しておけば。

誰も叱ったりはしません。予算の中でひと月暮らせればいいわけです。正確に記録することが目的ではないのです。

先ほどご紹介した「封筒レコード法」。おそらく、月初めは、余裕しゃくしゃくで、あまり考えることなく使ってしまうと思います。でも、月後半になると、残金を見て、あと何日、お給料日まで持つかな……なんて思いながら、日割りして自制したりするかもしれません。

最初は、それでもよいのです！　そのうち、配分が上手になってくるはずですから。

体で覚える、まさにエクササイズ感覚ですね。

さて、このエクササイズ、「1円も間違わずに正確に」ということは必要でしょうか？

むしろ、大切なのは、「身につくまで続けてみる」ということです。アバウトでもかまいません。面倒なら100円単位でつけたってかまわないのです。7つの予算内（22項参照）で、普通に生活できる体と頭をつくることです。

実際に予算内で生活をしようとすると、自分なりのテクニックや知恵、方法が見つかると思います。

そうすれば、いいリズムの中でストレスなく、お金を貯められるはず！　我慢する必要も、挫折感を味わうこともありません。

「身の丈に合った生活」というのは心地よいものです。自分の収入の中で、お金をうまく配分し、自分らしい未来のあり方をイメージできるというのは、とても幸せな生き方だと思います。

4章

お金を育てる！
資産運用のABC

WHAT TO STORE HOW MUCH?

25 長期でお金を貯めるプランはどうする？

３章では、毎月のお金の使い方から、５年間の貯蓄プランまでをお話ししました。では、５年以上の長期のスパンで考える目標はどう考えていけばよいのでしょう？

みなさんの中には、マンションの頭金を貯めたいなどの、大きな目標のある人もいると思います。一般的に、マイホームを買う資金、子どもの教育資金、老後の生活資金などは、長期の目標になります。

また、少し先だけど、老後の資金のことが心配という人も多いと思います。退職金と年金だけで何十年もやっていけるのか、不安ですよね。

女性の平均寿命は86.39歳ですから、仮に60歳でリタイアしたとすれば、26.39年間。90歳、100歳くらいまで元気な人だって少なくはないでしょう。

月の生活費を20万円とすれば、

20万円 × 12カ月 × 26年間 ＝ 6240万円

平均寿命まで生きるとすれば、なんと6240万円のお金が必要な計算になります！

もらえる年金

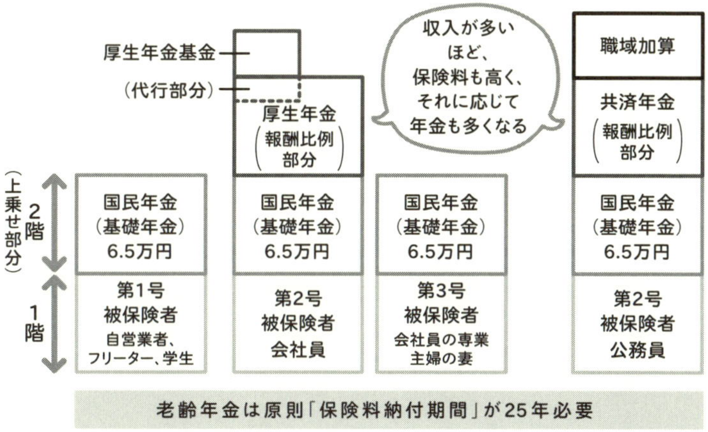

（平成23年度）

収入は？　といえば、多くの人が年金と退職までに貯めたお金です。年金受給は、現在は65歳からですから、5年間の生活費1200万円は、預貯金や退職金を取り崩して生活することになりますね。

年金がいくらもらえるのかは人によって違いますが、自営業者の方（第1号被保険者）は40年間保険料を支払った人で満額の78万6500円、月にすると6万5541円です。会社員の方は、これに報酬比例部分（2階建て部分）が上乗せされるので10万円くらいは多いでしょうか？

いずれにしても、仮に60歳でリタイアするとすれば、

- **年金をもらえるまでの生活費**
- **それ以降の年金では不足する生活費**

を、貯めておかなくてはならないということになります。

自分の年金額が知りたい人は、「ねんきんネット」(http://www.nenkin.go.jp/n_net/ ※利用には事前に利用登録が必要）で見込額の試算をすることができます。

＊

「わたしは33歳ですから、60歳までのあと27年間で、少なくとも1200万円以上は貯めておかなくてはいけないということですね。将来、年金受給年齢がもっと上がるかもしれないし……。みずほさん、5年間で130万円のペースでは厳しいですよね？」

「預貯金をするだけでは、残念ながら、そうでしょうね……。解決方法は2つあるわ。ひとつは、60歳以降もできるだけ長く元気で働くこと。もうひとつは、お金にも働いてもらうことです」

＊

今後、あなたのお給料が増えて貯蓄がたくさんできるようになるとは、今はなかなか考えにくい状況です。また、さらに生活を切り詰めて支出を減らしたとしても、そう大きな効果はないでしょう。

１章でもお話ししましたが、超低金利の今、銀行にお金を預けていてもなかなかお金は増えません。貯蓄だけで目標金額をつくることは難しいのです。

４章では、３つのお金を増やす方法のうち、３つめのお金に働いてもらう（お金を育てる）方法について、お話ししていきます。

WHAT TO STORE HOW MUCH?

26 投資ってなに？

「たしかに、わたしも老後のことは不安です。年金もどうなるかわからないし……。退職までにできるだけお金を貯めておきたいとは思います。でも、もうこれ以上は節約もできないし、お給料もそんなには増えないだろうし……」

「そうね、だから、一緒にお金を育てていきましょう」

「お金を育てる？」

「そう。だって、預貯金ではなかなかお金は増えないでしょう？お金を増やすには3つの方法しかないってお話ししたわよね。3つめのお金に働いてもらう、つまり、投資について考えてみましょう」

「投資ですか？　わたし、投資はちょっと……。だって、難しそうだし、それになんだか怪しい感じがしますし……。そもそも投資するお金なんてありませんよ」

「やっぱり。予想通りのリアクションだわ」

＊

「投資」という言葉を聞くと、たいていの人は麻衣子さんのように、拒否反応を示します。

投資をはじめたいけれど、なかなか一歩を踏み出せないのも、やはり投資に対するイメージが悪いからだと思います。

実は、わたしもそうでした。ＦＰになるずっと前ですが、まったく知識がないまま、株の投資をして大失敗をしたことがあるのです。それが原因で、一時、家族が不和にもなったので(!)、もう二度と投資はしないだろうと思っていました。
投資といえば、ゲームのように売買を繰り返し、あっという間に大きなお金を失ってしまう……というイメージでしょうか?

でも、2009年から、わたしは再び「投資」をはじめたのです。性懲りもなく? いえいえ、以前にしていたのとはまったく違う方法です。
今、わたしのしている投資方法については、後ほどご紹介しますが、まずは、「投資」って何? ということを考えてみましょう。

「投資」は、「投機」とは違います。
わたしが以前していたのは「投機」。儲かるチャンスを狙って売買をする……ど素人のわたしがうまくやれるはずはなく、心身ともに疲れて、お金も失い、やめてしまいました。
一方、「投資」というのは、企業にビジネスの資本を提供することです。
たとえば、みなさんは、今、何か自分の成長のためにしていることはありますか? 麻衣子ちゃんは、この10月からキャリアアップのために英会話を習いに行くと言っていますね。
自分の成長のために時間やお金を投じることを「自己投資」という言い方をしますが、「投資」も定義は同じです。成長するものにお金を投じることです。

わたしたちが企業に投資をすれば、企業はそのお金を使って、社会のためになる利益を生み出します。世の中は便利になったり、豊かになったりしますね。そして、わたしたちは「ご協力ありがとう」と、企業からお礼をいただきます。

わたしたち一人ひとりは自分の目的や夢のために、お金を増やしたいと思って投資をしているのですが、わたしたちの大切なお金は、経済の中で大きな働きをするのです。

投資の基本は、経済がしっかり成長していくところにお金を投じていく。そして、企業が成長し、生み出された利益の中からリターンを受け取ることです。そう。投資はお互いがハッピーなのです。

WHAT TO STORE HOW MUCH?

27 投資ってこわいもの？

「なるほど、自分が投資したお金が経済成長の糧になるってことですか。投資ってそういうことなのですね。でも、やっぱり怖いです。だって、投資って損することだってあるんですよね？」

「もちろんリスクはあるわ。それが投資だもの」

「リスクって、危険ってことですよね？　やっぱり、投資は危険なんですね！」

「日常生活で『リスク』といえば、事故や危険というニュアンスで使われているわね。でも、投資の『リスク』は、少し違うの。大切なことなので、わかりやすく説明するわね」

預貯金とか株式とか債券のことを「金融商品」といいますが、大きな３つの性質があります。それは「安全性」「流動性」「収益性」です。

・安全性

「元本や利息の支払いが保証された商品」のこと。定期預貯金や、個人向け国債や社債です。「利率○％、満期○年」と、あらかじめ決められているのですね。

・流動性

いつでも出し入れが自由にできることです。普通預貯金やMMF、MRFという商品などです（マネーレッスン参照）。

リスクとリターンの関係

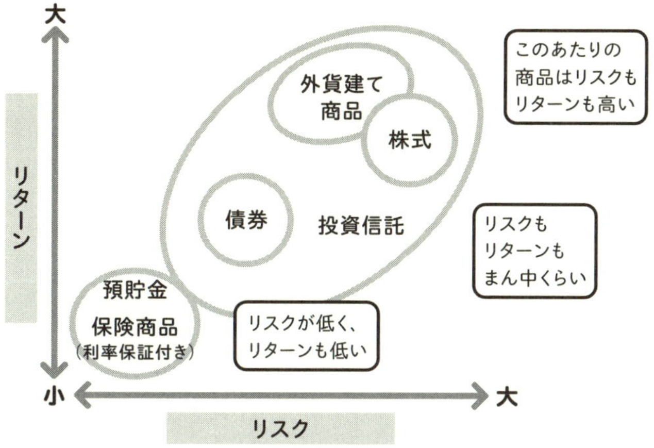

※商品のしくみによっては必ずしも一致しない場合があります

・収益性

高い利回りや値上がり益が期待できる商品です。「リスクをとって大きなリターンを狙っていく商品」なんて言い方をします。株式や投資信託、外貨建て商品がこれにあたります。

一般的には、「安全性と収益性は相反する関係」です。つまり、安全性が高ければ収益性は低くなります。

みなさんに知っておいてほしいのは、この３つの性質を全部満たす夢のような商品はこの世にはないということです。

たとえば、普通預貯金は、いつでも出し入れができますし（流動性が高い）、元本割れもしませんね（安全性が高い）。でも、とても低金利。リターンは低いでしょう？　今は、収益性

運用のためのおもな資産の種類

種類	特徴	運用商品
預貯金等	元本確保型商品の代表格	預貯金、MMF、MRFなど
保険商品	一定の時期にあらかじめ約束した金額が支払われる定額保険と、運用実績により受取額が変わる変額保険がある。変額保険は元本は保障されていない	個人年金保険、養老保険、変額年金保険など
株式	会社が事業をするのに必要な資金を多くの人から少しずつ集めるしくみのこと。株式の保有者（資金を出した人）を株主という。株式は市場で売買され、価格は企業の業績や経済環境によって変動する。値上がり益、配当金、株主優待などがわたしたちが得られる収益	個別の日本株や外国株、株式に投資する投資信託・ETFなど
債券	お金を調達したい国や会社などが発行する借用証書のようなもの。国が発行するものを「国債」という。債券は元本や利子の支払い時期や金額があらかじめ約束されている	日本債券・外国債券（国債、社債、債券に投資する投資信託・ETFなど）
REIT	REIT（リート）とは、「Real Estate Investment Trust」の略。多くの投資家から集めた資金で、オフィスビルや商業施設、マンションなど複数の不動産などを購入し、その地期待収入や売買益を投資家に分配する商品。日本では、JAPANの「J」をつけて「J-REIT」と呼ばれることもある	・個別のJ-REIT、J-REITに投資する投資信託・ETF ・海外REITに投資する投資信託・ETF
外貨建て商品	米ドルやユーロなど円以外の通貨の商品で、預金、保険、債券、株式、投資信託などがある。金融商品固有の価格変動の他に、為替変動の影響を受け、為替手数料もかかる	外貨立ての預金・保険・債券・株式・投資信託など

はまったく期待できません。

元本が保証されていない（安全性が期待できない）商品は、収益性が期待できます。儲かるかもしれない。でも、損するかもしれません。先のことはわからない。不確実なのです。これを「リスクがある」といいます。

投資は、リスクをどれだけ自分が受け入れられるかをちゃんとわかったうえではじめなくてはいけません。

難しい言い方ですが、「リターンの源泉はリスク」なのです。投資にリスクはつきものです。リスクをとらずにリターンを得ることはできません。

一般的に、リスクの小さなものはリターンが小さく、リスクの大きなものは高いリターンが得られるといわれています。

リスクが小さくて、リターンが大きい商品は、この世に存在しません。もし、そんなセールストークを聞くようなことがあっても、だまされないでくださいね。

ちなみに、リターンが限りなく小さくて、リスクが大きい商品はありますよ。それは、宝くじです。宝くじで一攫千金を夢見るのは幸せ（？）ですけど、現実的ではありませんね。

マネーレッスン ABC　MMF、MRFとは?

MMF はマネー・マネジメント・ファンドといい、国債や安全性の高い社債を、短期で運用している投資信託の一種です。

MRF（マネー・リザーブ・ファンド）も、同じ短期公社債投信で運用していますが、MMF より短い期間で格付けの高いものに限定するなどより流動性、安全性を重視しています。その分、利回りは MMF より低くなります。言ってみれば、証券会社版の普通預金にあたるものです。

WHAT TO STORE HOW MUCH?

28

ドキドキしない投資のポイント

①リスクを小さくする

投資は分散投資が基本

「なるほど、『リスク』は不確実性か。危険の確率ではないのね。でも、その不確実なことがいやなら、やっぱり投資はしないほうがいいってことですよね？　儲かるかもしれないけど、損するかもしれない……。ああ、わたしはやっぱり、そういうドキドキはいやだなぁ。だったらやはり現金で持っておこうという選択肢もありますね。でも、そうなると、老後資金が心配だし……」

「大丈夫よ。リスクをなるべく小さくして、ドキドキしない方法で投資をすればいいわ」

「そんな方法あるんですか？」

「普通に生活しているわたしたちが、ムリなく続けられる方法よ。わたしもこの方法で続けているけど、普段、投資をしていることなんてすっかり忘れているわ。でも、老後の資金は少しずつ積み上がっているのよね。うふふ」

「うふふって、そんな気軽な感じなの？」

「ちゃんと理屈さえわかれば、ストレスフリーよ。一緒に勉強していきましょう」

＊

では、これから“ドキドキしない投資”についてお話していきますね。とても大切なポイントが３つあります。

❶リスクをなるべく小さくする
❷長い目でじっくり取り組む（長期投資をする）
❸手間をかけない

では、これから順番にお話ししていきましょう。

「リスクを小さくする」というと、リスクは不確実性だとご理解いただいたみなさんの頭の中には、今、「？」マークがいっぱい飛び交っているかもしれません。不確実性を小さくなんてできるの？　と。

それが、できるのです。

不確実性とは、儲かるかもしれないし、儲からないかもしれない……つまり、価格の変動ですよね。ニュースで「今日の日経株価は、昨日より○○銭高い○○○○円でした」というのを聞いたことあるでしょう？　そう、金融商品には「値動き」があるのですね。

さて、では、その値動きをなるべく小さくするのにはどうすればいいでしょう？

「卵は１つのカゴに盛るな」ということわざがあります。これは、分散して投資をしなさい、ということです。

「分散投資」というのは、投資先や投資をする時期などを分けるということです。投資する先を分散していれば、もし、一方が悪くても、もう一方でカバーすることが期待できるというわけです。

たとえば、あなたは、自分の全財産100万円で、メロン航空という会社の株を買いました。でも、メロン航空は業績が悪くて倒産してしまいました。あなたは全財産を失ってしまいますね。

でも、あなたが100万円を100の会社に1万円ずつ分散して投資をしていたら？

メロン航空は倒産してしまいましたが、残りの99社は大丈夫。失ったのは1万円だけですね。

このように、投資は、分散投資をすることで、ダメージを小さくすることができるのです。

つまり、分散投資をすることでリスクを小さくすることができるということです。

どのくらいリスクを小さくできるかは、組み合わせる商品によっても違ってきます。

今は聞き流していただいて大丈夫なのですが、たとえば、「株式」と「債券」に分散すると、全体として値動きの振れ幅（ブレ）が小さくなると考えられています。

ポイントは、「なるべく、値動きのブレを小さくするように資産を配分すること」が重要なのです（「ポートフォリオ運用」といいます）。

金融商品には値動きがある

商品A

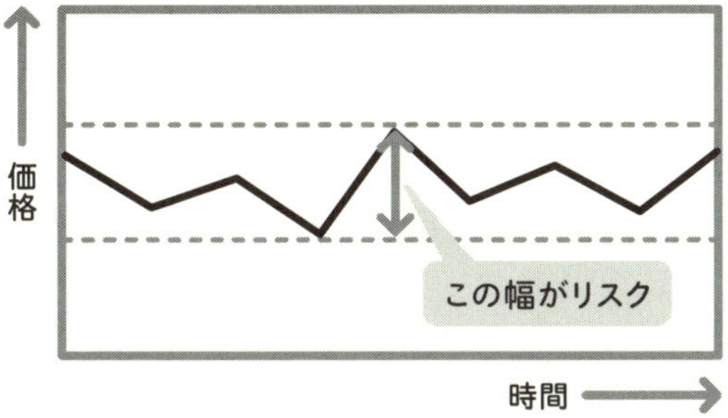

商品B

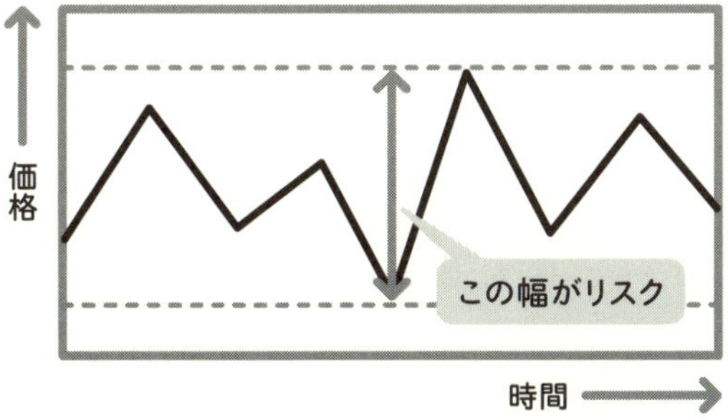

Aに比べて、Bのほうがリスクが高い

WHAT TO STORE HOW MUCH?

29

ドキドキしない投資のポイント

①リスクを小さくする

どうして分散投資がおすすめなの？

「いろいろな会社に分散投資をすることで、リスクを小さくできるのですね。でも、分散投資ってお金がかかりそうですね」

「企業の株を個別で買っていくと結構なお金が必要ね。でも、日本の企業の株式だけをたくさん持っていても、分散投資としてはまだ不十分なの」

「そうなんですか？」

「次のポイントへ行く前に、もう少しだけ分散投資がどうして大切なのかをお話ししたいのだけど。結論から言うと、日本にも世界にも、分散することが大切なの」

「日本だけではダメということですか？」

＊

みなさんもご承知のように、日本は、急速な少子高齢社会を迎えていますね。人口が減ると、いろいろな影響が考えられます。

まず、生産年齢人口が減りますね。生産年齢人口というのは、働いて（稼いで）、消費をして、税金を納める世代です。働き手が減れば、消費も落ち込み、日本の経済成長率は下がることになります。

ニュースでも、「デフレ」「円高」「財政難」「少子高齢化」など、将来が心配になるようなキーワードを聞かない日はありません。それに加えて、エネルギー問題も日本の大きなテーマです。

日本の市場が急速に縮小する中、企業は海外展開をしたり、吸収合併をしたりして、熾烈なグローバル競争の中で戦っています。懸命に収益を上げようと努力しているのですね。

一方、世界はどうでしょう。

現在の人口は、約70億人。年々増え続けています。高齢化している日本に比べて、平均年齢の低い、まだまだ今後大きく成長できる国が世界にはたくさんあります。

かつての日本がそうだったように、人々は新しいもの、便利なものを欲しがり、豊かになろうとするでしょう。これから生活水準が上がっていく国は、世界にはたくさんあるのです。

さて、「投資」ということをもう一度思い出してください。投資は、成長するところにお金を預けていき、そして成長の果実をもらうということでしたよね。

わたしたちは、これからグローバルに活躍していく日本の企業や、これから成長していく世界中の企業や国に投資をしていけばいいのです。

WHAT TO STORE HOW MUCH?

30

ドキドキしない投資のポイント

①リスクを小さくする

投資信託なら、わたしでも分散投資できる

「世界中に分散投資ですか。ますますお金がかかりそうです」

「それがそうでもないの。手軽に分散投資ができる商品があるのよね。投資信託という商品なのだけど、麻衣子ちゃんは聞いたことある？」

「ええ、名前は知っています。でも、一体どういうものですか？」

＊

「投資信託」とは、たくさんの投資家から集めた資金をひとまとめにして、プロが運用し、そして、得られた収益を投資家に還元する商品です。

……といっても、難しいですね。一言で言うと、「投資のセットメニュー」といったところでしょうか。

投資信託のことを「ファンド」ともいいます。たとえば、あなたが、日本の企業100社の株を買いたいと思っても、なかなか買えるものではありませんね。たくさんの資金が必要になります。

でも、日本の企業100社をセットにした「日本株式ファンド」なら、1万円です。あなたの1万円は、200社全部に分散投資されるというわけです。

投資信託なら、少額で分散投資ができるのです。

個別に株式投資をするには、知識も時間も労力も必要でした

投資信託とは?

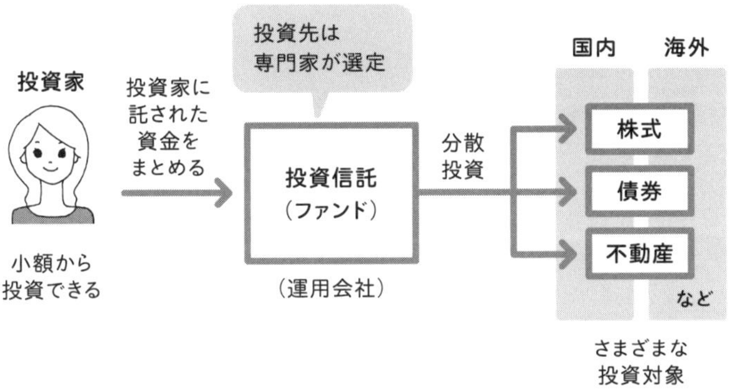

ね。自分でどこの会社の株を買うか、いつ買っていつ売るかなどを考えなければいけません。タイミングを逃さないために、毎日、株価とにらめっこしていなくてはならないのです。

そんなこと、普通に生活していたら、「絶対、無理!」ですよね。でも、投資信託なら、プロにおまかせで手間いらずです。

あら、投資信託っていいわね、と思った人もいるでしょう。でも、問題は、「どんな投資信託を買うか」なのです。

日本には、3000本以上もの投資信託が売られているのです。111ページの図をもう一度ご覧ください。投資信託には、株式や債券が含まれているものや、もっと複雑につくられているものなどさまざまです。リスクの高いものもたくさんあります。何を選べばいいのかわかりませんよね。

でも、運用方法で分類すると、たった2つに分けられます。「インデックス」か「アクティブ」かです。

そして、ビギナーにおすすめなのは「インデックスファンド」です。

「東証株価指数（TOPIX）」とか「日経平均株価」のような市場の動きを表す指標のことを「インデックス」といいます。このインデックスに連動するような運用をするのが、「インデックスファンド」です。

マネーレッスン ABC　運用スタイルの種類

・インデックス（パッシブ運用）……ベンチマークとできるだけ同じような成績を上げようとする運用スタイル。代表的な投資信託はインデックスファンドです。

・アクティブ（アクティブ運用）……ベンチマークを上回る成果が上げられるように、ファンドマネジャーなど運用の専門家が、投資先や売買のタイミングを判断して行なう運用スタイル。

多くの投資信託は、何らかの指標を基準に運用が行なわれています。この基準になる指標を「ベンチマーク」といいます。「日経225インデックス」なら、日経平均株価（日経225）をベンチマークにしています。

インデックスファンドは、市場と同じくらいの成績を目指しています。クラスの優等生ではなく、「平均点の生徒」という感じです。

一方、アクティブファンドは、市場平均を上回る成績を上げようとするもの。狙うは、クラスのトップです。よい成績をとるには、塾に行ったり、家庭教師に来てもらったりと、お金もかかりそうですね。

そう。アクティブファンドは、市場平均以上の成績を狙うので、いろいろとコストがかかるのです。たとえば、値上がりしそうな会社を探したり、経済環境の分析をしたり、業績の悪い会社を外したりと、プロの手が多く必要なので、どうしてもコストが高くなってしまいます（124ページ「マネーレッスンABC」参照）。

持ち続ける限りずっとかかるコストは信託報酬。積み重なるコストは、運用成績に響いてきます。たとえば、あなたが毎年１万円の手数料を払っているとしましょう。10年経つと10万円ですよね。

このように、長期で持つと、微々たるものと思えるコストも大きく響いてくるのです。

アクティブ型は、インデックス型を上回る成績を期待できるけれど、市場平均を下回ることも珍しくはありません。理由はさまざまありますが、そのひとつにコストがかかるせいというのがあります。せっかく５％のリターンがあっても、コストが２％かかれば、実質３％のリターンになってしまいます。

まずは、コストの安いインデックスファンドからスタートしてみましょう。

マネーレッスン ABC　投資信託のコスト

投資信託には「販売手数料」「信託報酬」「信託財産留保額」などのコストがかかります。

・販売手数料……購入時に販売会社に支払う費用。スポーツクラブの入会金みたいなものです。販売手数料なし（ノーロード）の商品もあります。

・信託報酬……保有していると継続してかかる費用。スポーツクラブの月々の会費にあたります。年率○%と表示されていて、投資信託の運用資産の中から日割りで毎日引かれます。

・信託財産留保額……解約するときにかかる費用。かからない商品もあります。

※その他、分配金に対して税金がかかります。解約時には、取得価額を超えた収益に対して課税されます

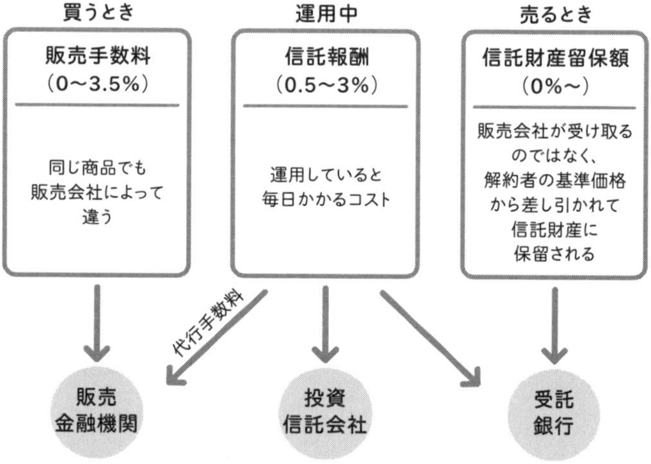

WHAT TO STORE HOW MUCH?

31

ドキドキしない投資のポイント

②長い目でじっくり取り組む

複利のチカラ

「“ドキドキしない投資” のポイントの2つめは、『長い目でじっくり取り組む』 です。短い時間で、株を売ったり買ったりするのではなく、じっくりゆっくり長い時間をかけて運用します。これを 『長期投資』 といいます」

「長期投資ってどのくらいなんですか?」

「ず～っと、できるだけ長くよ」

「でも、どうして長期投資なの?」

「それは 『複利』 のチカラを味方につけることができるから」

＊

複利は、よく「雪玉」にたとえられます。小さい雪玉は、ひと転がししてもあまり雪はつきません。でも、大きくなると、ひと転がししたとき、たくさんの雪がつきます。転がしていくにつれ、雪玉はますます大きくなっていくでしょう?

複利だと、利息がつくとその利息も含めた元利合計(元本と利息を合わせたもの)を新たな元本として利息がつきます。利息が利息を生むのです。

「借金が雪だるま式に膨らむ」ともいいますが、その理由はこういうことなのです。

なぜ、この本でわたしが長期で運用することをおすすめするのかは、この「複利」に大きな関係があります。

100万円を年利10%で運用すると？

	スタート	1年目	5年目	10年目	20年目	30年目
単利	100万円	110万円	150万円	200万円	300万円	400万円
複利	100万円	110万円	160万円	260万円	670万円	1,750万円

たとえば、月に3万円ずつ（年間36万円）、3％で20年間複利運用していくと、いくらになると思いますか？

なんと、967万3200円になります（※計算方法によって違いが出てきます）。

複利は時間の経過とともに効果が大きくなるのです。

上の表をご覧ください。

これは、100万円を年利10％で運用したときいくらになるかを計算したものです。単利だと、毎年「元本100万円×10％＝10万円」ずつ増えていきます。

一方、複利だとどうですか？　100万円は、30年間で1750万円になっています。これが複利の効果なのです。

お金を増やすのには、増えた分を引き出さずに再投資すること、つまり、複利で長く運用することが大切です。

みなさんには、まだまだ長い時間があります。ゆっくりお金を育てていくことができますね。

時間を味方にする複利の効果

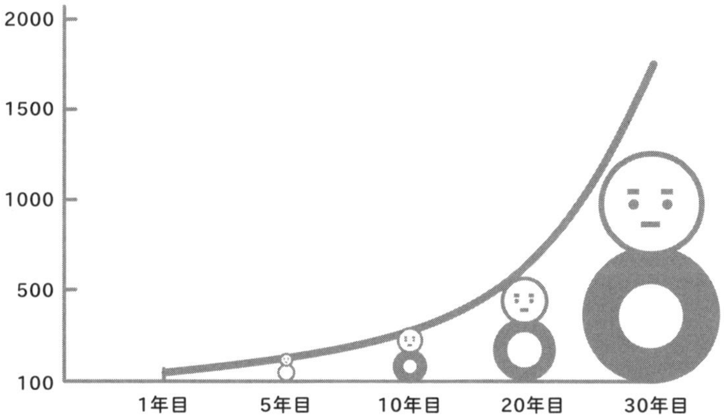

だから、長期投資をおすすめしているのです。

そしてもうひとつ。投資の意味、覚えていますよね？
投資は、企業に事業の資本を提供して、企業を応援することでした。短期でお金を引き上げてしまったら、企業はじっくり事業を成長させていくことができません。
長期投資は、企業や社会に対しても優しいのです。

ここまで少し“お勉強”っぽかったかもしれませんね。でも、これまでのお話がちゃんと腑に落ちていることが、今後、投資を続けていくうえでとても大切なのです。
ゆっくりお金を育てているんだということをぜひ忘れないでくださいね。

WHAT TO STORE HOW MUCH?

32

ドキドキしない投資のポイント

③手間をかけない

毎月少しずつ投資がはじめられる

「複利ってすごいんですね。なるべく長く投資をするために、早くはじめたほうがいいですよね。とりあえず、わたし、自由資金の42万円つぎ込みます!」

「ということは、麻衣子ちゃんの長期投資家デビューは来年からね。だって自由資金が貯まるのは来年でしょ?」

「あぁ。来年まで待たなくちゃいけないんですね……」

「大丈夫、『積立投資』というスタイルなら、今からだってはじめられます」

「ぜひ、教えてください!」

「とっても簡単よ。“ドキドキしない投資”のポイント、3つめは、『手間をかけない』でしょ?」

＊

さて、いよいよ具体的な投資の方法のお話です。それは、わたしも実際にしている「積立投資」というスタイルです。

みなさんは、これまでに、お給料から毎月決まった金額を自動的に定期預金に積み立てたり、財形貯蓄をしたことがありますか?　はじめに手続きさえしておけば、あとは自動的に引き去られてお金が貯まっていきますよね。

「積立投資」も同じです。毎月、決まった日に、決まった金額が引き落とされて、決まった投資信託を買いつけてくれるのです。

最初に“しくみ”さえつくっておけば、自動的に投資が続けられるというわけです。

これなら、大きなお金を用意しなくてすぐはじめられますね。毎月ムリなく、1000円程度から購入することができます。

◎積立投資のメリット

- 毎月ムリなく少額から購入できる
- 証券会社などの販売会社に行かなくても購入できる
- ドル・コスト平均法の効果を得ることができる

また、この「ラクに長く続けられる」「すぐはじめられる」というメリット以外に、実はこの積立投資には、もっとうれしいことがあるのです。それは、「買うタイミングを考える必要がない」ということです。

株式投資の基本は、安いときに買って高いときに売るということです。これがなかなか難しいんですよね。タイミングによっては、高いときに買ってしまうこともあります。

でも、積立投資なら、このタイミングを考えなくてもいいのです。定期的に定額を投資していくわけですから、コツコツと長期的な資産形成をすることができます。

一度に大きなお金を投資するのではなく、何度かに分けて買いつける方法を「ドル・コスト平均法」といいます。結果的に、平均購入単価を引き下げることができます。

積立投資は、まさにこのメリットを享受できるのです。積立投資は、定期的に一定額で、同じ商品を買いつけていくので、投資信託の基準価額（投資信託の値段のこと）が高いときには購入する口数（投資信託は取引数量を口数で表示します）が少なくなり、低いときには購入口数が多くなります。
　結果として、平均購入単価が割安になるのです。

　……といっても、イメージしにくいと思います。実際に、シミュレーションをしてみましょう。
　みなさんは、今から毎回１万円ずつ、５回、投資をします。２つの投資信託の値段は、それぞれ仮に下表のように推移するとしましょう。

みらいのチカラファンド

スタート	2回目	3回目	4回目	5回目
10,000円	10,000円	9,000円	10,000円	10,000円

がんばれニッポンファンド

スタート	2回目	3回目	4回目	5回目
10,000円	8,000円	6,000円	7,000円	10,000円

　両方ともスタートは１万円。「みらいのチカラファンド」は、途中に一度、値段が下がりましたが、なかなか優秀なファンドのようですね。
　一方、「がんばれニッポンファンド」は、途中、ずいぶん値段が下がってしまいました。もっとがんばって！　という感じですね。５回目にようやく元に戻って同じ１万円。

ファンドを売って換金したときの値段は、両方とも１万円です。

みなさんなら、「みらいのチカラファンド」と「がんばれニッポンファンド」のどちらを持ちたいと思いますか？

＊

「わたしだったら、当然、『みらいのチカラファンド』です。『がんばれニッポンファンド』は下がりすぎです!」

「そう?」

＊

では、結果を計算してみましょう。購入口数は、「１万円÷投資信託の値段」です。

下表のいずれも、投資したのは１万円×５回＝５万円なので、投資元本は５万円です。これらの投資信託を換金するとします。「価格×口数」を計算してみましょう。

みらいのチカラファンド

	スタート	2回目	3回目	4回目	5回目	合計
価格	10,000円	10,000円	9,000円	10,000円	10,000円	49,000円
購入口数	1	1	1.1	1	1	5.1

がんばれニッポンファンド

	スタート	2回目	3回目	4回目	5回目	合計
価格	10,000円	8,000円	6,000円	7,000円	10,000円	41,000円
購入口数	1	1.25	1.66	1.42	1	6.33

・みらいのチカラファンド　１万円× 5.1 口＝５万 1000 円
・がんばれニッポンファンド　１万円× 6.33 口＝６万 3300 円

※解約の手数料等は考慮していません

＊

「えっ！「がんばれニッポンファンド」のほうがお金が増えてる！」

＊

いかがですか？
「基準価額が高いときには購入する口数が少なくなり、低いときには購入口数が多くなる」ということがわかっていただけましたか？
結果として、平均購入単価は割安になっていますね。

「そうしたら、はじめから一番安い6000円のときにまとめて５万円を投資したほうがいいじゃないですか！」と、思ったあなた。実は、この質問、わたしのセミナーでもよく出るものです。

でも、よく考えてみてください。いつ値段が下がるのかなんて、誰にもわかりませんよね。だから、時間を分散して投資をするのです。
2012年現在、株価はとても下がっています。もしかしたら、株価の下落で落ち込んでいる人があなたの周りにもいるかもしれません。でも、積立投資のスタイルなら、喜ぶべきことなのです。

「たくさんの口数を買うことができてラッキー！」って。

この方法なら、株価の騰落に一喜一憂することなく、ストレスフリーで、コツコツと資産形成をしていけます。

このドル・コスト平均法がより効果を発揮するのは、価格が上がったり下がったりしながら、最終的に価格が上向けばということです。出口が重要なのです。

換金するときに「リーマンショック」のときのように価額が下がっていたらどうでしょう？　価格×口数の式に当てはめてみてください。考えるだけでも恐ろしい？

今後、世界の人口はまだまだ増え続けますから、世界経済は発展し続けます。これからも株価は上下しながらも、基本的には上がっていくでしょう。

だから、積立投資がおすすめなのです。

せっかく運用をはじめても、株価がちょっと下がると不安になってやめてしまったりする人もいます。でも、長期投資は長く続けなくては意味がありません。

株価が下がったときは、「安く買えてラッキー」くらいに思って、ゆっくりお金を育てていきましょう。

WHAT TO STORE HOW MUCH?

33 長期分散積立投資をはじめる方法

「これまでのお話で、“ドキドキしない投資”のイメージはできましたか？」

「そうですね。ムリせず、少しずつ、ゆっくりスタートしていけばいいんだなっていう気持ちです」

「大切なのは、長期投資にふさわしい商品を選ぶこと。では、具体的に長期分散積立投資をはじめる方法をご紹介するわね。長期分散積立投資には3つ方法があるのだけれど……」

「一番簡単な方法からお願いします」

「はい、かしこまりました」

＊

①チョクハンではじめる

ということで、一番手間のかからない方法は、「チョクハンファンド」を持つことです。「チョクハン」とは、独立系直販投信のこと。投資信託を運用する会社が、証券会社などの販売会社などを通さずに直接、個人投資家に販売しています。現在、国内には8社11ファンドあります。

チョクハンの特長は次の通りです。

・「個人の資産形成にふさわしい長期投資のためのファンド」というポリシーを守り、運用されていること
・保有者の多くが「長期積立投資」をしていること
・顔の見えるファンドであること

「顔が見える」とは、どんな人がどんなポリシーを持って、どんなところにどんな思いで投資をしているのかがわかるということです。

詳しくは36項で説明しますが、チョクハンだと、口座を開設して毎月定額を自動的に投資していくしくみさえ設定しておけば、あとは何もすることはありません。

②確定拠出年金制度（401k）を利用する

勤めている会社に確定拠出年金制度（「401k」「DC」ともいいます）がある人は、それをぜひ利用してください。

というのも、せっかくの制度があるのに、預貯金とか保険商品とか、元本割れをしないものに積み立てている人がとても多いのです（それではなかなかお金は増えませんね）。

理由を聞けば、何を選べばいいのかわからないとのこと。でも、ここは少し勉強をして、老後の資金をつくっていきましょう。

また、確定拠出年金は、個人ではじめることもできます（個人型：公務員、第３号被保険者はできません）。

確定拠出年金制度については、詳しくは５章44項をお読みください。

③ネット証券を使う

３つめは、インターネット証券に口座を開設し、いくつかの投資信託を組み合わせて長期分散積立投資のしくみを自分でつくる方法です。

投資信託は、証券会社や銀行、郵便局などで購入できますが、おすすめはネット証券。いろいろと比較しながらゆっくり選べますし、手数料が安いからです。

ネット証券には、ＳＢＩ証券、楽天証券、マネックス証券、カブドットコム証券などがあります。手数料や使いやすさ、取り扱い商品などを比較して、選んでください。

投資をするのには、まず、各証券会社のWEBサイトから申込をして、口座を開設しなくてはなりません。ネット口座開設の手順はだいたい次のような流れになります。

◎ネット証券の口座開設の流れ

①ネット証券のWEBサイトにアクセスする

②口座開設画面に進み、必要事項を入力。口座を選択する必要があるが、「源泉徴収ありの特定口座」がおすすめ

③口座開設書類が送られてくるので、必要事項を記入し、本人確認書類を同封して返送する

④ID、パスワードが送られてくるので、WEBサイトにログインする

⑤自分の銀行口座から証券会社に入金する。ネットバンキングを利用するのがおすすめ

※ネットバンキングを利用するには、別途銀行での手続きが必要。こちらもWEBから申込をし、基本的には同じ流れで手続きすることができる

⑥入金したお金はMRFにプールされる

※正確には、自動的にMRFに交換（MRFを購入）されたことになるが、ここから、投資信託などを購入することになるので、感覚としてはプールでかまわない

⑦ログインして「投資信託」を選ぶと、「投信積立」とか「積立」というタグがあるので、そこから「積立」の設定をする

WHAT TO STORE HOW MUCH?

34 結局、何に投資したらいいの？

「3つの中から好きな方法を選べばいいのですか？」

「会社に401kがある人は、②からスタート。ない人は、①か③からのスタートですね。①のチョクハンについては、会社ごとファンドに特徴がありますので、36項で詳しく説明します。まずは、401kの人と、自分でインターネット証券で投資をはじめる人のために、どういうポートフォリオにすればよいかをお話ししましょう」

＊

401kを利用するのも、ネット証券で運用するのも同じですが、最もオーソドックスな方法は、日本株式、外国株式、日本債券、外国債券の4つの「インデックスファンド」に分散投資することです。

スタートは、それぞれ25％ずつ分散投資してみましょう。

インターネット証券で運用をする場合、それぞれ1000円から積立投資ができます。500円から積立投資ができるところもあります。2500円ずつ買えばちょうど1万円で分散投資ができますね。

このように4分散して持つと、債券と株式の比率がちょうど半分ずつになります。

マネーレッスン ABC　積立投資のためのインデックスファンド

積立投資ができるインデックスファンドは、「STAMインデックスシリーズ」（住信アセットマネジメント）、「eMAXISシリーズ」（三菱ＵＦＪ信託）などがあります。「インデックスファンド」でネット検索して、コストなどを比較して選んでください。

また、401k専用の商品は、さらにコストが安くなります。「インデックス」と名前のついたものを選んでくださいね。

投資に慣れてきたら、比率を変えてもOKです。基本的には、自分がめざす利回りで資産配分を決めて、ポートフォリオを組むことになります。

ファンドを買うときは、投資信託説明書（目《も》論《くろ》見《み》書《しょ》）に必ず目を通しましょう。そのファンドが、どんな資産に投資をしているのか、どんな運用をしているのか、どういう成果をめざしているのか、投資対象が持つリスク、これまでの運用の実績、手数料などが書かれています。

はじめは、少し難しいかもしれないけれど、投資は自己責任で行なうもの。やはり必要なことだと思います。ちょっとずつ勉強していきましょう。

また、投資に慣れてきても、しくみが複雑で、投資信託説明書の内容が理解不能なものは買わないようにしてくださいね。

ポートフォリオは、年齢、収入、資産状況、性格などによって人それぞれ違います。債券の比率を多めにすると値動きがゆるやかになり、つまり、リスクが小さくリターンも低めになります。逆に、株式の比率を大きくすると、リターンをより高く求めることが期待できますが、リスクも高めになります。

REITや新興国に投資するインデックスファンドなどを少し入れてもいいですね。ただし、さまざまな種類の商品がありますので、よく確認して選びましょう。ゆっくり、自分に合ったポートフォリオをつくっていってみてください。

たとえば、月々積立投資をしていくと、利回りによって、下表のようになります。

毎月１万円ずつ積立していくと？

（円）

	5年	10年	15年	20年	25年	30年
1%	612,121	1,255,466	1,931,627	2,642,280	3,389,184	4,174,187
3%	637,096	1,375,666	2,231,870	3,224,445	4,375,112	5,709,050
5%	663,076	1,509,347	2,589,428	3,967,914	5,727,252	7,972,662

毎月３万円ずつ積立していくと？

（円）

	5年	10年	15年	20年	25年	30年
1%	1,836,362	3,766,397	5,794,882	7,926,841	10,167,552	12,522,561
3%	1,911,289	4,126,997	6,695,609	9,673,335	13,125,335	17,127,150
5%	1,989,227	4,528,041	7,768,283	11,903,743	17,181,756	23,917,985

では、あなたはどのくらいの利回りで運用すればいいのでしょうか？

たとえば、20年後、退職金以外に1000万円準備したい場合、毎月35万円ずつ、３％をめざして20年間運用していけば、目標金額約970万円となりますね。

マネーレッスン ABC 投資信託説明書(目論見書《もくろみしょ》)にあるリスクって?

投資信託ごとにリスクの種類や大きさは違います。主なリスクは、次の４つです。

①価格変動リスク

組み入れている株式や債券の価格が変動する可能性のこと

②信用（デフォルト）リスク

債券などを発行する国や企業が財政難や経営不振に陥って、当初約束されていた利息や償還金を支払えなくなる可能性のこと

③為替変動リスク

為替レートが変動する可能性のこと。外国通貨建ての資産に投資しているファンドだと、円高になるとマイナスの、円安になればプラスの影響があります。

④金利変動リスク

金利が変動する可能性のこと。

他にも、政治や国際情勢などの影響を受けます。

WHAT TO STORE HOW MUCH?

35 本当にほったらかしでいいの？

「分散して、少額からゆっくり長く続ければお金を育てられるということはわかりましたけど、口座を開設して積立投資ができるしくみさえつくれば、ホントにあとは何もしなくていいんですか？」

「わたしは特に何もしていないわ。たまに自分で決めた資産の配分が大きく違ってないかは確かめるけど。あとは、時々、新聞で基準価額をチェックしたり。運用報告書が届いても見たり見なかったり……って、これはＦＰとして少しまずいかも（笑）。でも、そんな感じでよいと思うわ」

＊

積立投資をするしくみを最初につくれば、あとは何もしなくてもかまいません。でも、インターネット証券と401kで運用している場合、１年に一度か二度、「リバランス」という作業をする必要があります。

投資信託は、値動きのある株式や債券に投資しているから、基準価額（ファンドの価格）が変動するということは、わかりましたよね？

だから、自分が決めた配分を維持するために、年に一、二度、お手入れが必要なのです。この、配分をもとに戻すための作業を「リバランス」といいます。

たとえば、株価が２倍になって資産全体の中で株式ファンドの割合が大きくなったら、それを売って債券ファンドを買い増したりするのです。株式ファンドをしばらく買うのをやめて、債券ファンドだけ買い増してもかまいません。こうして、最初に自分が決めた資産配分の比率に戻すのですね。

みなさんには、スタートラインとしてそれぞれ25%ずつをおすすめしているので、このリバランスでは25%に戻るようにするのです。

1年に一、二度くらいリバランスをすることで、長い目で見れば成績の向上につながる結果が得られるようです。

リバランスが面倒だという人は、世界に分散投資をしている「バランスファンド」を持つという方法もあります。

マネーレッスン ABC　販売会社がなくなったら?

「販売会社が破綻したときはどうなるの?」という質問をよく受けます。結論から言うと、投資信託は、しくみ上、みなさんが預けたお金は、投資額にかかわらず守られます。

投資信託は、販売会社、運用会社、信託銀行が分担して運営されています。みなさんのお金（信託財産といいます）は、信託銀行が管理していますが、分別管理といって、信託銀行自身の財産とは区別して管理されています。なので、万一、信託銀行が破綻しても、影響はありません。破綻時の基準価額で解約されるか、他の信託銀行に移されて、そのまま投資信託を保有できます。

WHAT TO STORE HOW MUCH?

36 チョクハンなら手間いらず

「リバランスか……。それって面倒ではないの？」

「チョクハンだと、はじめに口座を開設して、自動積立の設定にしさえすればあとは何もしなくてもいいわ。もちろん、毎年確実に想定したリターンが得られるというものではないけど、でも、たとえ、価格が下がったとしても、積立投資なら長期的にお金を増やしていくことができるでしょう？」

「ドル・コスト平均法は理屈ではわかったけど、でも、本当に、持っているだけでいいの？」

＊

チョクハンファンド「ありがとう投信」の代表取締役 CIO の岡大《ひろし》さんは、「長期投資で大切なポイントは一つだけ、『信じて続けること』です」と、おっしゃっています。

「信じる」って何をでしょう？　岡さんは、

「それは『人間は必ず向上する』ということです。人は誰もが幸せを願う、今日より明日をよくしようと努力する。だから長い目で見ると少しずつ成長していく。そんな『人間に対する信頼』です。長期投資のベースはここにあります。信じて投資を続けること。

ずっと気持ちよく続けられるように、投資の中身は世の中のためになるものがいいですね。日本には本格的な長期投資の成功例がいまだありません。だから、わたしたちチョクハンは、

『なんだ、それだけでいいんだ！』と誰もに得心していただけるような成功モデルを、お客様とともにつくり上げようとがんばっているのです」

と、お話ししてくださいました。

現在購入できるのは、11ファンド。それぞれに特徴があります。

たとえば、セゾン投信の「セゾン・バンガード・グローバルバランスファンド」は、インデックスファンドです。新興国を含めた30カ国以上の株式と債券に分散投資しているので、これ1本持てば世界中に投資できるというわけです。信託報酬もとても安く、長期投資にぴったりのファンドです。

他の10のファンドは、アクティブファンドです。

146ページに、いくつかのチョクハンファンドをご紹介しています。

わたしは、資産形成のために、世界にインデックスファンドで分散投資をし、そして日本企業を応援する気持ちと期待を持って、いくつかチョクハンファンドを持っています。コツコツと積立投資をしています。

セミナーに何度か足を運び、自分のお金はどんな会社に投資されるのか、どういう考えでどんな人が投資をしているのかなど、自分の耳でしっかり聞いて、納得してから積立投資をはじめました。

ファンドに組み入れられている企業のことは、いい意味でとても気になります。こんな新製品を発売したんだわ、今度の新しいサービスはいいな、海外でも売上を伸ばしているわね、など、親近感を持って動向を注視しています。

また、チョクハンファンドは、リバランスがまったく必要なく、ただ持っているだけでいいというのも楽でいいのです。プロの腕を信じて見守っています。

毎日忙しく働く読者のみなさんも、自分が信頼して持ち続けられるチョクハンファンドと出会うことができれば、投資のはじめの第一歩としておすすめです。

チョクハンファンドの多くは「アクティブ運用」なので、インデックスファンドに比べるとコストはやや高めです。

でも、チョクハンを創業したみなさんは、「儲けばかりを考えている、現在の販売会社主導の在り方を変えたい」という思いで立ち上げたとおっしゃっています。

もちろん、チョクハンファンドが絶対的に優れているということは言えませんが、運用方針に共感できるというのは、投資信託を持つうえで大事なことだと思います。

チョクハンに投資している人の多くは、積立投資をしています。毎月、ムリのない範囲で、将来のためにお金を育てているのです。

おもなチョクハンファンド

セゾン投信	セゾン・バンガード・グローバルバランスファンド	株式と債券を半分ずつ世界の時価総額(企業価値の目安。株価×上場株数)を基本に比率を決め、米バンガード社のインデックス投信で運用している。日本への投資は15%ほど、残りはほぼ海外投資。5000円から積立投資ができる
ありがとう投信	ありがとうファンド(愛称:ファンドの宝石箱)	ファンド・オブ・ファンズ形式。2012年4月現在の組入ファンドは9本。これらのファンドを通じて、日本株式に6割弱。海外先進国株式、海外新興国株式に投資。残りはキャッシュポジション。信託報酬は、純資産残高が増えるほど段階的に引き下げられる。いつでも1000円から投資ができる
コモンズ投信	コモンズ30ファンド	投資先は約30社に厳選。世界の成長を取り込み、30年先も持続的に価値を高められる「真のグローバル企業」を見極める必要があるということで、データ分析という「見える価値」だけではなく、企業文化、経営力、対話力など「見えない価値」も重視している。3000円から積立投資ができる
レオスキャピタルワークス	ひふみ投信	「わたしたちの生活を便利で楽しくする企業の中に、将来大きく成長する企業がある」という視点を持って、成長する企業を探し出し、投資をしている。市場平均(TOPIX)の動きに左右されない成績を狙うアクティブファンド。5年以上保有するとコストが安くなるしくみもある。1万円から積立投資ができる
鎌倉投信	結い2101(ゆいにいいちぜろいち)	これからの日本に本当に必要とされる「いい会社」に投資。「いい会社」とは規模の大小、本来的には上場の有無も関係ない。「人:人財を活かせる会社」 「共生:循環型社会を創る会社」「匠:日本の匠な技術・感動的なサービスを提供する会社」を独自の視点で見つけ出している。1万円から積立投資できる

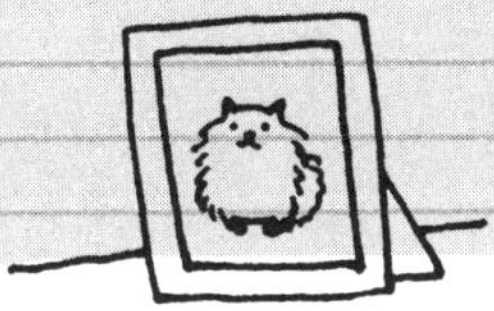

5章

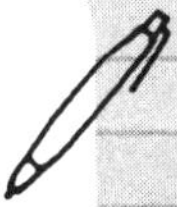

女性の「安心」のつくり方

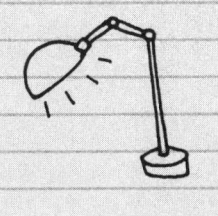

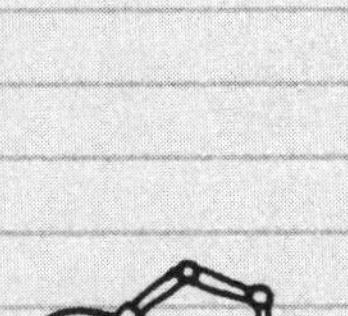

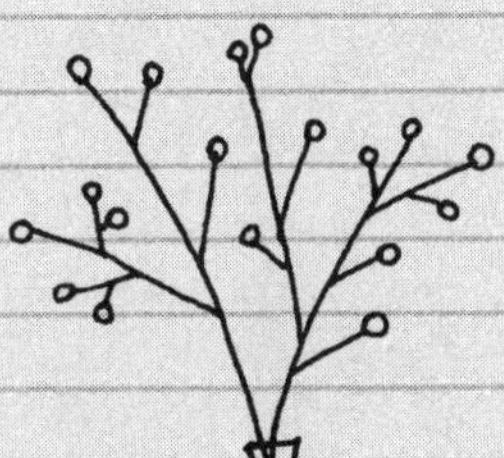

WHAT TO STORE HOW MUCH?

37

女性に必要な保険はこう考える

「麻衣子ちゃんは、なにか保険に入ってる？」

「はい、母がかけてくれていた保険をそのまま引き継いで」

「内容は？」

「それが、よく知らないんです……。病気になったときに保険金が出るとか出ないとか…」

「自分が加入している保険の内容をちゃんと把握していない人は割と多いわね。『より安心して生きていくために、今、できること』という視点で、保険や住まいについて一緒に考えていきましょう」

「今、特に困っていることはありませんが、漠然とした不安はあります」

「たとえば？」

「大きな病気をして、働けなくなったらどうしよう、とか……」

「そうね。そんな将来の“もしも”に備えて、わたしたちは保険に加入しますね。でも、本当に必要な保険を、適正に持てているかしら？」

＊

保険料は固定費です。「もしも」のためのお金をかけすぎると、当然、「今」使えるお金は減ってしまいます。

５章では、上手な「未来の安心のつくり方」を考えていきましょう。おもに「保険」や「住まい」について見ていきます。

最近ご相談が急増している「401k 制度」に関しても、ご説明します。

まずは、保険についてです。

たとえば、生命保険は、「残された遺族」のために加入するものです。あなたがシングルなら、必要でしょうか？

保険会社の人にすすめられたまま、よく内容を理解せずに大きな保険に入っている人も見かけます。多くのシングル女性に、大きな額の終身保険は必要とはいえません。

でも、もし、病気やケガをして仕事ができなくなったら、あなたはどうしますか？

重い病気になったら治療費もたくさんかかります。恋人や友人だって、はじめは心配していろいろしてくれるだろうけど、あまりに長引いちゃうとそのうち来てくれなくなるんじゃないか、親だっていつまでも頼れないし、そうなると１人でヘルパーさんとかをお願いすることになるのか……などなど。

そこまで暗い想像を膨らませなくても大丈夫ですが、そんな心配を少しでもなくせるように、今、やれることがあるので、考えていきましょう。

まず、保険の考え方について見ていきましょう。

わたしたちには、すでに手厚い国の保障があることは、75ページの「マネーレッスン ABC」でお話をしましたね。

でも、国の社会保障制度だけでは不安だと思う人もいるでしょう。自分がもし、病気やケガをしたとき、どういう治療を受けたいのか、また、仕事をお休みしなくてはいけなくなったときのことを考えて、必要ならば民間の保険に加入します。病気のときに、お金の苦労までしたくないですものね。

まず、病気やケガで治療を受けたとき、どのくらいお金がかかるのかを考えてみましょう。

◆国で保障してもらえるお金

病院で治療を受けると、窓口で支払う金額は、実際にかかった医療費の３割ですね（小学校入学～69歳の人：注①）。

でも、３割負担といっても、長く入院したときなどは、自己負担が高額になることもあります。このようなときに負担が軽くなるように「**高額療養費制度**」というものがあります。

原則、同じ月に同じ医療機関でかかった医療費が、自己負担限度額を超えたときに、超過した金額を支給してもらえます。

たとえば、病気で１カ月入院して医療費が100万円かかったとします。いったい、自分でいくら支払わなければならないでしょう？

自己負担限度額は、所得や年齢によって異なります。一般の人の場合（標準報酬月額53万円未満）、

8万100円＋（医療費－26万7000円）×１％

・注①　区市町村によっては、小（中）学校卒業まで自己負担の補助があります。
・注②　たとえば、医療費が100万円で、窓口負担が３割の30万円だった場合は、計算式にあてはめると、８万7430円が自己負担の上限になります。30万円から差し引いて、21万2570円が高額療養費として支給されます（世帯合算、多数該当の負担軽減などもあります）。

入院したときにかかるお金

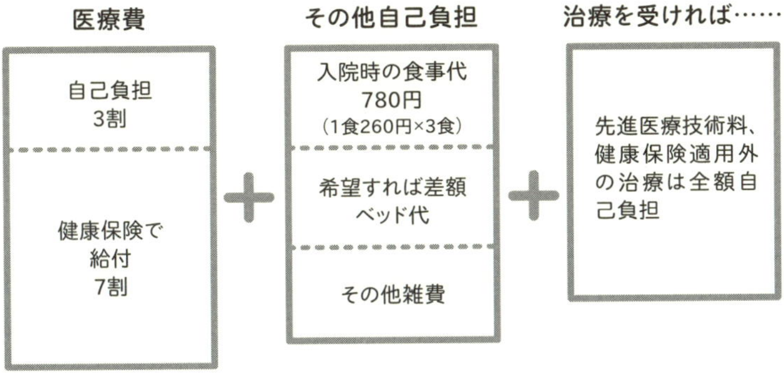

の式で計算することができます（注②）。

高額医療費制度を使うと、負担額は8万7430円になります。前もって、「健康保険限度額適用認定証」の交付を受けていれば、窓口負担はこの金額ですみます。通常は、いったん3割負担の30万円を支払って、あとで自分の健康保険に申請して払戻を受けることになります（通院の場合も同様です）。

◆自己負担しなければならないお金

その他に、自分で負担しなければならないお金は以下のようなものが考えられます。

- **入院したときの食事代**……1日3食780円を限度に1食につき260円が自己負担
- **差額ベッド代**……6人部屋などの大部屋の場合、自己負担はありませんが、個室や２人部屋など条件のよい病室に、自分で希望して入院すると、大部屋との差額料金が全額自己負担になります。ポイントは自分で希望したかどうか。救急のときなどはかかりません。差額ベッド代は、１日あたり2400円～7600円くらいが多いようです（厚生労働省保険局医療課調べ）。

・**入院時の雑費**……身の回りの衛生用品、日用品、テレビ代など出費がかさみます。

治療費によっては、全額自己負担のものもあります。

◆公的医療保険対象外の特殊な治療費

先進医療（次ページの「マネーレッスンABC」参照）による治療を受けた場合、先進医療の技術料は全額自己負担です。診察料、検査料、投薬料など基礎部分は公的医療保険の適用になります。

希望して保険適用外の医療を受けたときは、３割負担の部分まで全額自己負担となります。

先進医療は、行なえる病院も限られていますし、誰にでも効果があるというわけではありません。でも、身体への負担が少ないなどのメリットもありますので、治療の選択肢のひとつとして考える価値はあると言えるでしょう。

先進医療のうち７割ががんの治療だそうです。高額になるのは、「重粒子線治療」「陽子線治療」「腫瘍脊髄骨全摘術」の３つで、200万円くらいかかるそうです。その他の先進治療は、10万円未満のものが多いそうです。保険では、先進医療特約をつけることで保障を持つことができます。保障内容は会社によって違いますから、よく確認してから付加するようにしましょう。

マネーレッスンABC　先進医療とは?

先進医療技術とは、大学病院などをはじめとする特定の医療機関で行なわれる最先端の医療のうち、厚生労働大臣によって承認を受けた特定の医療技術のことです。厚生労働省が定めた医療機関以外での治療や手術は、たとえ、先進医療と同じ内容であったとしても先進医療ではありません。

先進医療は、治療時の身体的負担が少なくてがんが治療できるなどの利点があります。

先進医療は、まだ公的医療保険の対象にはなっていないものの、公的医療保険の対象にすべきか検討段階にある治療や手術とされています。評価の結果、保険の適用になったり、また、評価対象から外れることもあります。

いかがでしょう？　入院しても、びっくりするような大きなお金が必要というわけではないですね。もし、今、保険料の支払いが負担になっているようなら、検討してみましょう。

とはいっても、実際にどんな保険に入ればいいのか迷う人は多いと思います。具体的に見ていきましょう。

WHAT TO STORE HOW MUCH?

38 私的保険を選ぼう（医療保険）

健康保険などの「公的保険」に対して、民間の保険会社の保険を「私的保険」といいます。私的保険は、万一のとき、自分はどういう療養、治療をしたいのかを考えて選びましょう。

基本的には、「シンプル」で「安い」保険で十分だと思います。

保険は請求しなくては保険金や給付金を受け取ることができません。どんなときに請求できるのか覚えておくことが必要ですね。

たくさんの特約がついていると、入ったときは「これで何があっても安心！」と思うかもしれませんが、時間が経つうち、保険のことなんて忘れてしまうもの。それに、まだ若いみなさんに、そんなにたくさんの“お守り”はいらないと思います。至れり尽くせりの保険はその分、保険料も高くなりますしね。

医療保険は、生命保険に「特約」でつける方法もありますが、単体の医療保険やがん保険に加入するほうが保険料は安くなります。

インターネットで、保険商品を比較しているサイト等があるので見てみてください。「医療保険」「がん保険」といったタブから検索して、年齢や性別を入力すると、シミュレーションすることができます。

保険料の安さ順のランキングでは、「少額短期保険」が上位にくると思います。通常の保険会社とは少し違いますので、少額短期保険と共済については、それぞれ「マネーレッスン

ABC」を参考にしてください。

「女性保険」って何ですか？　という質問もよくお受けするのですが、これは、女性特有の病気を手厚く保障する保険です。乳がんや子宮筋腫などといった女性固有の疾病による入院や、手術をしたら給付金が受けられるといったものです。

普通の医療保険でも、女性疾病はカバーされています。特約で付加することをすすめられたら、よく考えてくださいね。

保険に加入するときの注意点としては、

①保障内容をよく確認すること

②保険料が高すぎないか検討すること

です。

マネーレッスン ABC　少額短期保険とは?

少額短期保険業者は、ミニ保険会社ともいわれるもの。設立条件が緩やかなこともあり、さまざまな商品がつくられているようです。

生命保険も損害保険も、保険期間は1年です。保険金額は、1人の被保険者（その人の生死や病気、ケガなどが保険の対象となっている人のこと）について一定範囲内で、かつ総額1000万円以下と決められています。

たとえば、糖尿病患者に特化した保険、葬儀費用を受け取れる保険、ペット保険や地震保険などさまざまあります。いずれも掛け金は大変安いです。金融庁の監督下で保険業法などの法規制も受けています。ただし、生命保険契約者保護機構などの公的なセーフティネットはありません。

マネーレッスンABC　共済とは?

生命保険に類似した商品として、各種共済制度があります。農業協同組合（ＪＡ）や労働者共済（全労済）、各都道府県の生活共同組合や自治体が行なう県民共済などです。

各種の共済制度と生命保険は、相互扶助の精神に基づくという点では共通しています。両者の違いをあげるとしたら、生命保険が自助の精神を基本にしているのに対し、共済制度は、助け合いの精神を全面に掲げていることです。そのため、こくみん共済や県民共済などは、掛け金は均一（年齢、性別で異なるものもあります）で割安です。また、毎年の決算で余剰金が出れば割戻金もあります。加入も無審査で、組み合わせによって保障を大きくしたり、特約を付加することで保障内容を充実させることも可能です。

WHAT TO STORE HOW MUCH?

39 私的保険を選ぼう（がん保険）

「ところで、医療保険とがん保険ってどう違うんですか？」

「がん保険はがんだけを保障する保険よ。がんと診断されたら給付金が受け取れたり、手術をしたり、通院で治療を受けたりしたら給付金が受け取れるものなど、たくさんの種類があるわ」

「がんって治療費が相当かかるって聞いたことあるけど、がん保険も持っておいたほうがいいのかしら？」

「この質問はよく受けるわ。がんについては心配している人は多いようです。日本人の死因の3分の1を占めるといわれているので、無理もないのかもしれませんね。さらに、高額な治療費が必要になるというイメージも強いようだし」

アフラックの資料によると、治療費が50万円程度かかったという人が36.3%、100～200万円程度かかった人が約半数。300万円程度かかった人も12.1%でした。

たとえば、健康食品などを含めて自己費用としている人もいるので、正確に医療費がどのくらいというのはわかりませんが、病気の治療には多額の費用と時間がかかるというのは間違いないようです（アフラック2011年4月26日 プレスリリース参照）。

また、がん治療は、この10年で大きく変化しているようです。入院日数が短くなっていますし、通院で治療する割合が急速に増えています。

これまで、がん治療といえば、がんを切除する外科手術が中心でした。入院日数も長くなるため、これまでのがん保険は、入院保障が充実したものが中心だったのです。

でも、今は、医療技術の進歩で、たとえば、「手術治療」は、腹腔鏡や内視鏡での手術で切除範囲を小さくする。「放射線治療」では、ピンポイントで照射する粒子線などが登場したことで、身体への負担も軽減されるようなりました。「抗がん剤治療」も分子標的薬の登場で副作用が減っているそうです。

このような医療技術の進歩から、がんになっても必ず入院や手術をするとは限らなくなってきます。そして、5年生存率は年々延びているので（がん研究振興財団のがんの統計より）、継続して治療を続けるのにはかなり高額な費用が必要になることを考えておかなければなりません。

抗がん剤治療は、通院で行なわれるため、入院給付金では賄われない部分です。こういう実状に合わせて、がん保険も変わってきています。

では、わたしたちは、どんながん保険を選べばいいのでしょうか？

がん保険では、「がん診断給付金」「がん入院給付金」「がん手術給付金」「がん通院給付金」「がん死亡保険金」などが受けられます。ある程度の額の給付金があれば、健康保険の対象になっていない先進医療や自由診療を受けることも可能になります。治療の選択肢が増えるということですね。

がん保険は、がんだけに対象を絞っているので、他の医療保険に比べて保険料が割安、１入院（１回の入院）での入院給付金の給付日数が無制限という特徴があります。

治療費が長引くと自己負担も大きくなりますので、心配な人は、ある程度の年齢になったら、「がん保険」を検討してもよいかもしれません。

がん保険を考えるポイントは、４つあります。

①診断給付金などの一時金としてどのくらい給付金が受け取れるのか？
②通院保障や入院保障など、どういうシーンで給付金が受け取れるのか？
③自分が望む治療をイメージして選ぶ。先進医療を受けたい、保険適用外の新薬を使いたい、個室で療養したいなど
④終身にするかどうか？　若いうちに入れば保険料は安くなるが、終身だとその分、長く支払うことになる。また、最新のものも、時間とともに古いタイプの保険となってしまう恐れもある

保険会社各社、時代に合った特約を開発したり新商品を発売したり企業努力を続けています。

でも、充実した保障を持つと、残念ながら保険料負担は大きくなります。心配な気持ちはわかりますが、「もしも」のためにお金をかけすぎないこと。

次の項で詳しくお話ししますが、公的医療保障の傷病手当金、障害年金の対象になる可能性があります。また、40歳以上なら末期がんは介護保険の給付対象でもあります。保険は最低限に抑え、その分貯金をしていったほうがいいと思います。

なお、がん保険は、契約して90日（3カ月）は免責期間で、がんになっても保障はされません。

WHAT TO STORE HOW MUCH?

40 どのくらいの保険に入れば安心？

「不安だけで保険に入りすぎるのはダメですね。それに、案外、自己負担って少ないんですね。ある程度、貯金があれば、特に医療保険は必要ないかも……。あっ、こういうときのための緊急予備資金なのね！」

「そう。ただし、まだ準備ができていない人は、ひとまず保険に入るという方法もあるわね」

「ところで、みずほさん、保険って“1日いくら”って出るじゃない？　どのくらい出るものに入っておけばいいものなの？」

「入院給付金は、入院をすると日額5000円とか、1万円とか、最初に契約をした金額が給付されるわね。麻衣子ちゃんなら、1日いくらくらい出れば安心かしら？」

「1カ月入院したとして、自己負担金と、食費や雑費で12万円かかったとしても、1日3700円ほどですね。1日5000円もあれば十分？　でも、個室に入院したいとなると、もう少しあったほうがいいですよね。1万円くらいにしておこうかしら」

＊

保険に加入すると、月々保険料を支払い続けなくてはいけません。入院日額が高くなれば当然保険料も高くなります。

大きな会社に勤めている人は、組合独自の付加給付がある場合、さらに自己負担が少なくてすむこともあります。

まずは、

①自分の貯蓄額を考えて、医療保険への加入を決める

②自分の健康保険制度を確認して、入院１日あたりに給付される金額を決める

ことです。緊急予備資金の準備ができたら、将来的には保険をやめることも検討してくださいね。

③支払限度日数を決める

次に、１入院（同じ病気や関連する病気で入退院を繰り返した場合、その期間が180日を超えていないと「１入院」となります）の支払限度日数を決めましょう。

医療保険は入院日数で保険金が支払われます。60日型や120日型、180日型などいくつか種類があります。

入院日数は、全日本病院協会のホームページによると、脳腫瘍や脳梗塞などひと月を超えて入院するものもあるけれど、１～２週間のものが多いようです。

がんの場合は、厚生労働省の患者調査によると、入院で治療する割合はほぼ同じですが、平均入院日数は、平成20年には約23.9日と、平成８年の46日の半分にまで短くなっています。入院日数は短くなる傾向にあるようです。

④保険期間を決める

保険は、保険期間（保険の有効期限）が一生続くもの（終身型）と、期間が限られているもの（更新型）があります。どちらを選ぶかは、次ページを参考にしてください。

マネーレッスン ABC 「更新型」と「終身型」

10年、15年、20年ごとなど更新していくタイプのものを「更新型」といいます。更新するとき、もし、病気になっていたとしても、同じ保障内容で自動更新することができます。更新時、告知や医師の診査は必要ありません。

契約当初は、「終身型」より保険料は割安ですが、更新ごとに、その時の年齢や保険料率で再計算されるので上がります。何歳まで更新できるかは保険会社によって違うので確認してください。

「終身型」は、契約の終了まで保障内容、保障額、保険料が変わりません。たとえば、30歳で契約すると、契約時点での保険料は、「更新型」より「終身型」のほうが高くなりますが、トータルの保険料や月平均額で見ると、「終身型」のほうが安い計算になります。

WHAT TO STORE HOW MUCH?

41 働けなくなることが一番心配？

病気やケガで長期間働けなくなったときのことを考えておきましょう。特に、おひとりさま女子には、このことをしっかり考えてほしいと思っています。

病気やケガで仕事ができなくなったとき、会社員の人は、会社の年次有給休暇（年休）が利用できますね。それでもまだ働けずに、給料がもらえない場合は、健康保険から傷病手当金が受け取れます。

それ以上に療養が長引く場合、一定の障害状態が認められれば、障害年金が支給されます。これが会社員の人が持っている一連の「セーフティネット」です。

麻衣子さんが医療保険（入院日額5000円、60日型）に加入していたら、どうなるでしょう。次ページの図をご覧ください。

入院保障がある期間は、月15万円と、傷病手当金で、入院前と同じ生活ができそうです。でも、60日を過ぎると、傷病手当金のみになります。標準報酬日額（標準報酬月額÷30）の３分の２の収入しかありません。それも、残り４カ月ほど。

その後、障害年金の受給要件を満たせば、障害年金の受給対象になりますが、そうでなければ収入は途絶えてしまいます。マンションを購入していてローンのある人は、ローンの支払いもできなくなってしまいます。病気で働けなくなり、家を手放

もしも入院したら？

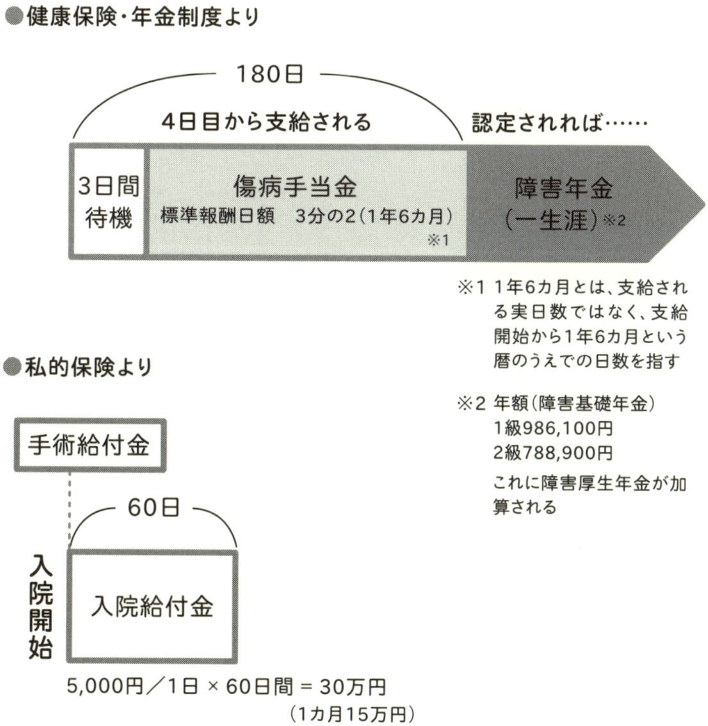

※1 1年6カ月とは、支給される実日数ではなく、支給開始から1年6カ月という暦のうえでの日数を指す
※2 年額（障害基礎年金）
1級986,100円
2級788,900円
これに障害厚生年金が加算される

したり、さらに深刻な場合は、生活保護を受けるようになったりというケースは想像以上に多いです。

こういったことにならないように、まず、最低でも３カ月、理想は６カ月から１年分くらいの生活費を貯蓄、緊急予備資金をつくることです。

そして、さらに就業不能保険の加入も検討してみるとよいのではないかと思います。

病気やケガで長期間就業不能状態になったとき、お給料のように月ごとの給付がある保険を「**就業不能保険**」といいます。損保では所得補償保険といいます。欧米では歴史も長く、広く普及し、必要な保険だという認識も高いそうですが、日本ではまだ認知度は低いようです（「マネーレッスンABC」参照）。

特に、フリーランスの方、マイホームのローンのある方（※）、シングルマザーの方にはおすすめしたいものです。

自営業者の方は、有休もないですし、傷病手当金もありません。障害年金は障害基礎年金のみで、しかも１級２級に該当したときだけです。会社員に比べて公的保障が薄いので、自分の生活は自分で守らなくてはという自覚がさらに必要ですね。

たとえば、所得の保障も兼ねて少し多めに入院給付金が出るように、保険期間の長い医療保険に加入するのもひとつの方法です。

でも、医療保険は入院しないと保険料は支払われないし、入院給付金には支払限度日数もあるので（医療保険では、１入院６カ月以上の長期入院は保障されません）、在宅療養をした場合や、療養が長期になったときのことも考えておかなくてはいけません。自分らしい選択をするために、リスクのこともきちんと考えておこうということですね。

※最近は、団体信用生命保険に疾病保障を付加できるものもあります

マネーレッスンABC　就業不能保険の現状

現在、収入を保障する保険は決して多くはありません。生命保険会社で取り扱っている就業不能保険は、長期保障型のライフネット生命の「働く人への保険」と、短期保障型の損保ジャパンDIY生命の「1年組み立て保険」に付加することができる月給特約（就業不能保険）、東京海上日動あんしん生命の5疾病による就業不能特約です。また、損保では、長期保障型の日立キャピタル損保「リビングエール」他、1～2年の短期のものがあります。所定のがんと診断されたときにがん収入保障年金を受け取れるアクサ生命の「収入保障のがん保険」などです。

でも、もし、仕事中のケガなどで働けなくなったときは、労働災害に該当します。業務上、または通勤途中に、労働者がケガや病気になった場合、障がいが残った場合、死亡した場合などに、被災労働者、またはその遺族に対して所定の保険給付を行なう制度です。

労働災害には、労災保険が適用されますので、医療費負担はありませんし、休業補償給付も受けられます。

就業不能リスクについて正しく認識し、必要に応じて備えをしてほしいと思います。

WHAT TO STORE HOW MUCH?

42 賃貸と持ち家、どっちがトクなの？

「親友が、とうとうマンションを買ったんです。週末、新居にお呼ばれして。とても素敵だったわ。わたしもマイホームが欲しくなっちゃって……。実は、目をつけている物件があるんですよね。賃貸だといくら払ったって自分のものにはならない。ローンの計算をしてもらったら、今の家賃とそう変わらなくて」

「麻衣子ちゃんがモデルルームで提示されたのは変動金利型で計算したものだった？」

「変動金利？　よくわかりません……」

「今は、世の中の金利がとても低いから、変動金利型のローンだと、麻衣子ちゃんの言うように『家賃並み』で、お家を買えるということもあるかもしれないわね。でも、世の中の金利が上がれば、当然ローンの支払額も増えちゃうわよ」

「モデルルームの人は、『こんなに不景気なんだから当分金利は上がりませんよ』って言ってましたけど……」

「……。麻衣子ちゃん、まずは一緒にローンのしくみについてお勉強しましょうか」

＊

みなさんは、「人生の３大支出」ということを聞いたことがありますか？　人生の３大支出とは、住宅、子どもの教育費、老後資金をいいます。あわせて、生命保険も高額な買い物ですね。これらは、固定費の大きな部分を占める支出になります。

家を一括で購入できる人はそうはいないので、ローンなどを利用して足りない資金を工面することになります。

みなさんは、このローンの性格をちゃんと理解できているでしょうか？

まず、ローンは、ローンの契約を結ぶ時点で返済計画が決まります。計画通り返済できればいいのですが、返済期間が長くなるほど、借り手の環境や状況にも変化が起きる可能性は高くなります。

これからの人生、何があるかわかりません。病気やケガをしたり、あるいは会社が倒産したり、リストラにあったりと、収入が途切れてしまうことだってないとは言えません。なるべく余裕のある返済計画が望ましいのは言うに及ばないでしょう。

借り入れる金額のことを「借入元金」といいます。借入をすると、借入元金に対して「利子」を払わなければなりません。たとえば、年利５％で100万円を借り入れると、「100万円×５％＝５万円」が１年間の利子になります。これを12で割ると１カ月分の利子が出ます。

利子は、使途が自由なフリーローンやカードローンのほうが高めです。また、借入期間が長くなるほど利子は高くなります。

住宅ローンには、３つの金利タイプがあります。変動金利型、全期間固定金利型、固定金利期間選択型です。それぞれにメリットとデメリットがあります。

超低金利の今、変動金利タイプは人気がありますが、世の中の金利が上がりはじめると、当然、金利も上がります。金利は年に２回見直されますが、返済額が見直されるのは５年に一度です。

＊

「金利が上がっていて、本来なら返済額もそれに応じて上がるはずなのに、実際は5年に一度しか返済額の見直しがされない？」

「そう。通常は、借金の返済というのは、まず利子分を返済して、残りが元金の返済に充てられるのね。ということは、金利が上がって利子分の支払が大きくなると、元金の返済に回るお金が少なくなるわよね。つまりは、返しても返しても一向に元金が減っていないということになるわけ」

「そうなると結局どうなるの？」

「30年間ローンの返済をしてやっと終わったと思ったら、まだ元金が残っていたということに」

「え？！　そしたらどうするんですか？」

「原則としては一括返済ね。退職金でまとめて返すということに。そうなると、老後の計画も狂っちゃうわよね」

「変動金利型ってそういうリスクがあるのね。家を買うってやっぱり慎重に考えなくちゃいけないわ……」

＊

住宅ローンの返済は、大きな固定費になります。支払期間も

20～35年と長いため、家計にとって大きな負担です。

このところ、持ち家にこだわらない賃貸派も増えてきましたが、金利が低い分、家を買いたい人もたくさんいます。

持ち家派とどっちが得なの？　という疑問。結局、住宅購入についてどう考えればいいのでしょう。

まず、昔は住宅購入の大きな動機だった、「資産として将来値上がりが期待できる」は、もう期待はできません。

シングル向けのマンションなどを、投資物件として購入するのも同じです。むしろ、こちらのほうがもっと深刻かもしれません。

賃貸に出すにしても空室リスクもあります。管理費もかかります。居住者が変わるたびにリフォームもしなくてはいけません。ローンを組んでまで購入するのは、あまりおすすめできません。

また、結婚したら、賃貸に出せばいいと安易に考えるのも同じです。借り手がタイミングよく見つからない場合のことも想定してくださいね。単身向けのマンションは、このところ、売るのがなかなか難しいようです。

住宅は、売りたいと思ったとき、不動産価格が住宅ローン残高を下回っていれば売ることはできません。ローンの残金は一括返済となるからです。

そもそもマンションは買ったとたん、資産価値が２割下がるといわれています。売却するときに価格の５～10％くらいの費用もかかります。売るに売れない人は結構多いのです。
また、年をとってから家を借りにくくなるからという動機で家を買う人もいますね。
でも、これも今後の貸借の需給関係を考えると、あまり心配しなくてもいいような気がします。介護付きのシニア向け住宅やシェアハウスの市場も急成長していますから、住まいの選択肢はこれからもっと増えると思います。
老後の住まいのことを今からあれこれ悩むより、しっかり老後資金をつくっていったほうがいいのではないでしょうか？

シングルを覚悟して買ったのに、急に結婚が決まった！　という人だっているでしょう。新しいスタートに、住宅ローンは甚だお荷物のようですよ。
実は、最近、そんな幸せな（？）ご相談を続けてお受けしました。人生、何があるかわかりませんから、お家を買うのはやっぱり慎重に。

マネーレッスン ABC　金利と返済方法について

お金を借り入れている期間を借入期間といいます。この期間中、金利の変動がないものを「固定金利」、世の中の金利に合わせて上下するものを「変動金利」といいます。
借入期間が長くなるほど金利は高くなります。また、返済方法には、元金と利子の合計額が毎回一定で、毎月返済額が変わらない「元利均等返済」と、毎回一定額の元金を返済していく「元金均等返済」があります。

「元金均等返済」は、毎回残高に応じた利息が上乗せされるので、同じ金額を借り入れた場合、「元利均等返済」より当初は返済額が多くなりますが、返済が進むにつれて毎月の返済額は減っていき、総返済額は少なくなります。しかし、金融機関によっては、元金均等返済方式を扱っていないところも多くあります。

WHAT TO STORE HOW MUCH?

43 家を持つ メリット・デメリット

「でも、マイホームを持つ魅力ってありますよね。彼女、とても充実の日々を送っているわ」

「たしかに、希望通りの物件を手に入れ、大満足の日々を送っている人は多いですね。持ち家なら当然大切にするし、使い勝手も住み心地もいいでしょう。以前、読んだ新聞記事で、作家の絲山秋子さんが、地方に家を買い、町内会の活動や集まりに積極的に参加している。おすそ分けをし合ったり、困ったときには助け合ったりと、ゆるいつながりを大切にしているということを書いてらっしゃったわ」

「素敵ね。わたしはご近所さまとのおつきあい、ほとんどないわ。挨拶を交わすくらい。でも、東日本大震災の後は、いろいろ考えちゃいました」

＊

シングルという生き方には、こういう人や地域とのつながりは大切なのかもしれません。

以前、大先輩に「女性は地に根を張って生きていくもの」と言われたことがあります。当時は、まだ20代だったこともあり、あまりピンときませんでしたが、今、子どもが大きくなり、再び自分の人生のあり方を考えるようになって、人生とはそういうものなのかもしれないと思うようになりました。

家というのは、人生のひとつの大きな要素だと思います。

結局、賃貸と持ち家、どっちが幸せなのかは、価値観や人生観によるところが大きいでしょう。

では、ファイナンシャル的なメリット・デメリットを見ていきましょう。

まず、家を持つメリットは3点あります。

①賃貸に比べて老後のために準備する資金が少なくてすむ

②生命保険の必要保障額が少なくてすむ

一般的に住宅ローンを組むときには団体信用保険に加入するので、万一、死亡したときには残りのローンが完済されるためです。ただし、シングルの場合は、生命保険を持つ必要もありませんので、これは、シングルマザーなど、扶養する家族がいる場合のことですね。

③購入時の自己資金の大きさによるが、頭金がたくさんあって、物件価格が適性だと、家賃相場より安い支払いで持ち家に住むことができる

さらに、賃貸だと、いくら家賃を払っても資産にはなりませんが、完済すれば資産になります。固定資産税や修繕費など維持管理費用はかかりますが。

今は、女性でも派遣のお仕事でも、安定した収入があればローンを組むことは難しくはありません。

でも、月々の手取り収入に対する返済額の割合と借入期間をよく考えないと、とても苦しい人生になると思います。一般的に返済額は手取りの25%以内といいますが、終身雇用制や年功序列賃金などの日本型雇用制度が崩壊し、今後収入だってどうなるかわからない中、なるべく小さく抑えたいものですね。
それに、これから結婚したり、自分の価値観や働き方が変わったりすることも十分考えられます。一度、家を買ってしまうと、簡単に売ったり引っ越ししたりすることはできません。

かく言うわたしも、予期せぬ転勤等があり、新築した家にたった７年間しか住むことができないまま、30年のローンに追われています。家を買ったのは、ＦＰになるずっと前のことです。親に言われて、あまり深く考えずに買いました。お金の勉強をしていたら、たぶん買ってはいなかったでしょう。
今、子どもの学費もマックスで、とてつもなく高い買い物をしてしまったという思いはぬぐいきれません。家の購入の失敗で負ったダメージは、その後の生活設計に多大な影響を及ぼします。精神的にも決して少なくはないダメージです。毎月「あぁ、ローンって大変！」と思っています。

持ち家が資産とはなりにくい今、熟慮したいのは、やはり毎月のローン返済額です。
今後、長い女性の一生。年金額が減額されたり、年金受給年齢も今の65歳からもっと遅くなるでしょう。そうなると、老後の準備資金額を増やさなければなりません。
そんな不透明な時代、毎月の返済額はできる限り抑えたいものです。住宅ローンの借入額は、最高でも年収の５倍まで、できれば４倍までに抑えるのが望ましいと思います。

頭金を、家の購入価格の少なくとも25%、できれば3割程度用意しましょう。

そして、月々の返済を手取り収入の最大でも25%くらいに抑えます。さらに、60歳までに完済できるようにしたいものです。

また、現在、ローンの返済額が負担になっている人は、銀行の窓口で相談してみましょう。借り換えなど、より金利の低いローンに換えられる可能性もあります。

WHAT TO STORE HOW MUCH?

44 会社に401kがあるあなたはラッキー!?（確定拠出年金制度）

みなさんの会社には確定拠出年金制度はありますか？　最近、この制度を導入している会社も増えてきています。

でも、どうやって運用すればいいのか、よくわからないという方が多く、もったいないなあと思います。運用がうまくいけば、将来もらえる年金が増えるのですから。

日本の年金制度は、１階部分が基礎年金、２階が報酬比例部分、３階は、企業や個人が任意で上乗せする企業年金や個人年金です（105ページ参照）。確定拠出年金もここにあたります。

基本的な考え方は、「老後資金の足りない分を埋められる運用成果が出るように確定拠出年金の資産配分を決める」ということになります。

商品ラインアップもインデックス投信などが揃えられていますので、４章でお話ししたような、４分散したポートフォリオを組んでいただければいいと思います。

ほとんどを保険や預金など「元本確保型」で運用している人は、ぜひ、運用方法を検討してみてください。

確定拠出年金のメリットは、運用中の運用益や利息などが課税の対象とされず、得られたリターンのすべてが再投資に回ります（※）。

老後資金の準備のために税制が優遇されているのですね。そのため、原則として、60歳前に中途解約はできません（転・退職時には持ち運び（ポータビリティ）ができます）。

60歳以降の受け取り方は、一時金、年金形式、一時金と年金の併用の3つの中から選べます。一時金で受け取ると、退職所得控除があります。年金として受け取ると、公的年金等控除があります。

マネーレッスンABC　確定拠出年金制度とは?

確定拠出年金制度は、「日本版401k」「DC制度」「401k」といったりします。確定拠出年金には「企業型」と「個人型」があります。

「企業型」の場合、企業が毎月拠出する掛け金を、加入者自身が、用意されたメニューの中から商品を選んで運用します。その運用次第で、将来、受け取る年金が増えたり減ったりします。一般的には、預金、保険、投資信託など10～15本くらいの商品ラインアップがあり、その中から選ぶことになります。

「個人型」は、自営業者と、独自の企業年金（厚生年金基金、確定給付企業年金、企業型確定拠出年金）を持たない会社員が加入できます。現在は、公務員や専業主婦は加入できません。

また、導入企業の従業員のうち希望者だけが確定拠出型を選択する「選択制」というものもあります。

※確定拠出年金では、課税が給付時まで繰り延べられます。税制に関しては、将来変更される場合があります。

詳しい説明は省きますが、簡単に言うと、企業が掛金を給与に上乗せするのではなく、現在の給与を減額してそれを掛金とするしくみです。401kを希望しない人は、従来通りの給与を受け取ることができます。

給与が減るので損するんじゃないかと思う人もいるかもしれませんが、給与が減るとその分、税金などの負担が減ることになり、メリットは大きいとされています。

しかし、厚生年金保険料を減額すると、将来もらえる年金が減る場合もあるので、等級が下がらないように個別に確認することが大切です（減税のメリットのほうが大きくなることもあるので、一概には言えません）。

また、2012年から従業員が掛金を上乗せできるマッチング拠出もはじまりました。

これまで、掛金は企業だけしか拠出できませんでしたが、これからは、会社にこの制度があれば、企業が拠出している金額を限度として、従業員も拠出することができます。運用するお金が増えるので、運用次第では将来、受け取れる年金額も増える可能性がありますね。

「個人型」は、掛金の分が全額所得控除になり、所得税と住民税が減ることになります。

個人型確定拠出年金は、銀行、証券会社、生命保険・損害保険会社、郵便局などで扱っています。運用商品のラインアップや手数料、信託報酬などを比較して、選んでください。

6章

「じぶん」100%で生きよう!

WHAT TO STORE HOW MUCH?

45 プロデューサーは わたし

さて、これまで、自分らしく生きるために、お金からのストレスフリーな生き方をめざしましょう！　ということで、身につけておきたいマネーの知識について見てきました。自分らしい「しくみ」をつくってもらえればいいなぁ、と思います。

ムダをなくし、なるべく小さなコストで大きな「安心」をつくり、長い時間をかけてゆっくりのんびり「豊かさ」をつくっていく。これがこの本でお話ししてきた基本的な考え方です。

すべては、「幸せな未来」を生きていくため。

あなたの人生は、あなた次第。そう、「わたしの人生のプロデューサーはわたし」ですものね。

実は、この章では、生き方についても考えてみたいと思っています。というのも、結果的にお金の使い方を決めるのは、自分のココロだと思うからです。

いくら綿密な計画を立てたとしても、がんばって実行しなくては、少しも前には進めません。夢や希望は、叶えられないままですよね。10年、20年経って、あのときもう少しがんばっておけばよかったと思わないために、ここで一度立ち止まって、心からがんばろう！　と思ってもらえればうれしいです。

まずは、少しだけわたしのことをお話しさせてください。

わたしがファイナンシャル・プランナー（ＦＰ）として独立したのは、40代のはじめと、少し遅いスタートです。ＦＰとしては新米ですが、これまでの人生のすべての体験が現在の仕事に役立っていると思います。

新人ですが、アドバンテージ付きですね。きっと年を重ねるというのはこういうことなのでしょう。

独立を決めたときに、最初に行ったのが、東京都の女性起業塾でした。そこで、「自分の強みを知る」というワークをしました。生い立ちをたどり、得意だったこと、好きだったことを書き出していくというものです。

１章で、みなさんにトライしていただいた「じぶん棚卸し」のベースになったものです。これから起業をしていくのに、一番大きな武器は自分の「強み」というわけなのです。

「強み」とは、人より少しだけ得意だと自分が思えることです。相対的な評価よりも、むしろ、「下手の横好き」でいいのです。好きなことは飽きずに続けられます。好きなことをするのは苦ではありません。それこそが大切なのだと思うのです。

もちろん、はじめは苦手でも、続けていくうちに好きになったり楽しくなったりすることだってあります。

たとえば、わたしは、アナウンサー業を長くしていたので、人前で話すことが苦手ではありません。決して上手ではありませんが、楽しく続けられます。でも最初から人前で話すのが好きだったわけではありません。人生初のオンエアのあとは、緊張で腰が抜けて立てなかったくらいですから。それでも、続けるうちに少しずつ楽しくなってきました。

今、畑違いのＦＰの仕事をしていますが、ＦＰとしてセミナー講師、執筆、相談業務をする中で、人前で話すことは、セミナーをするのに大いに役立っています。

次に就職したセミナー会社ではコミュニケーション研修をしていましたので、コミュニケーションの楽しさを知っています。これは相談業務に役立っていますし、セミナーにも役立ちます。

余談ですが、この会社で、金融機関の研修を担当したのがＦＰ業との出会いです。人生、どう転ぶかわかりませんね。

プライベートでも「強み＝好き」はつくれます。わたしは小説を読むことが大好きで、いつか自分も小説を書きたいと思い、一時期、熱心に書いていたことがありました。小説のほうはなかなかモノにはなりませんが（笑）、書くことが好きなので、分野は違いますが、今、こうして本の執筆などに役立っています。

本を読むことで身につくことはたくさんありますね。たとえば、物事を論理的に考える能力は、セミナーなどの構成を考えるのにも役立ちます。

このように、好きで続けてきたことは、年を重ねるとともに少しずつ「自分の強み」になっていくのだと思います。

コツコツ行なう資産形成と同じですね。人生も「時間」を味方につけて少しずつ前進していきましょう！

WHAT TO STORE HOW MUCH?

46 「じぶんクレド」をつくろう

１章で、みなさんにも将来のビジョンについて考えていただきましたが、誰しもなにか「夢」を思っていると思います。留学したい、海外で暮らしたい。お店を持ちたい。子どもたちに教育の機会を与えるボランティア活動をしたい、などなど。

麻衣子さんの夢は、経営企画室に異動してキャリアアップすること、お習字の師範免許もとりたいと言っていましたね。

夢を持ち続け、それを育てていくことは、豊かな人生を生きることにつながります。

会社の場合、創業者の夢や志が「企業理念」になります。企業理念は、企業の使命や信条、行動指針（クレド）として表されるものです。

立派な額縁に入れられ、社長室に掲げられていることが多いと思いますが、コンパクトな紙にまとめ、従業員一人ひとりが常に携帯している会社もあります。ことあるごとに取り出して再認識することが大切だからです。

わたしたち、一人ひとりも忘れないように、自分の夢を紙に書いてみましょう。夢は、自分との約束事です。夢をちゃんと叶えるためにいくつか「すべきこと」を考えてみましょう。「じぶんクレド」ですね。

２章の「じぶん棚卸し」「ビジョンシート」を見ながら、夢を実現するため、自分が守るべきクレドを考えてみてください。自分に少し負荷をかけるのです。その中のひとつには、お金の使い方も当然含まれるでしょう。

ここまでおつきあいしてくださったみなさんなら、「お金をコントロールできない人は、お金だけでなく、すべてにおいて人生の可能性を小さくしてしまう」ということにお気づきになっていると思います。

お金はただのお金にすぎません。だからこそ、うまくコントロールすべきものなのですね。

そして、「じぶんクレド」はカードに書き、いつも携帯していてください。いくつかのポイントでがんばっていくことで、「夢」に少しずつ近づいていけると思います。

これって、人にどう思われようと関係なくて、自分が気持ちいい生き方だと思いませんか？　ちゃんと、毎日、自分との約束を守っていけば、うんと年をとったとき、すごく幸せな自分になっていられるような気がしています。

ちなみに、ちょっと恥ずかしいのですが、今、わたしがお財布に入れているクレドカードは、次ページのものです。

すべて当たり前のことなのですが、わたしは人間ができていないので、しょっちゅう読まないとすぐ忘れてしまうのです。

ちなみに、わたしの夢は「しなやかに素敵に年をとること」。そのためには、仕事もプライベートもとても大切です。

「じぶんクレド」で人生をプロデュースしよう

岩城みずほの「じぶんクレド」

・ラスト10%のツメ！
（起業家の先輩、村尾隆介さんの言葉）
・人の悪口を言わない
・愚痴を言わない
・調子にのらない。謙虚でいる
・ずるいことを考えない
・人に優しく

麻衣子の「じぶんクレド」

・衝動買いしそうになったら、1回考え直してみる
・ストレス解消で買い物をしない、飲みに行かない
・腹が立ったときは、大きく深呼吸！
・毎日英語の勉強を欠かさない
・毎月本を最低3冊読む
・1カ月に1回（給料日）、ビジョンシートを見返す

麻衣子ちゃんなら
きっと大丈夫。
実行していけるわ
はい！
がんばります！

商談の前、友人と会う前、セミナーの前、わたしはなるべくこれを読むようにしています。忘れてしまうこともあるし、読む余裕のないこともあります。

でも、逆に言えば、「じぶんクレド」の存在を忘れてしまうときは要注意なのですね。ココロが疲れているときなのです。

そういうときは、ゆっくり半身浴をしたり、小説や映画に没頭したりしてリフレッシュして、自分をリセットします。

結局、ココロも元気でいることが大切なのですね。

夢は、「こうなりたい」と思って育てていくと、さまざまな出会いやチャンスを呼び寄せてくれると思います。ぜひ、自分の人生を素敵にプロデュースして、100%自分を楽しんでください！

その思いが強ければ強いほど、周りには応援団も増えるような気がします。家族や友達。お仕事でも応援してくれる仲間が増えていくと素敵ですね。

WHAT TO STORE HOW MUCH?

47 「愛され上手」な人になろう

「一度会うと大好きになってしまう」という人がいます。わたしの周りでも、そんな人は何人もいて、しばらく顔を見ていないと、無性に会いたくなります。

みなさんの周りにもきっとそんな「愛され上手」な人がいるのではないでしょうか。

「愛され上手」な人の共通点は、いつ会っても印象が同じだと言うことです。いつもいつも同じように素敵な笑顔を見せてくれます。その人に会って話をすると幸せな気分になります。わたしもがんばろう！　という気持ちになります。会うたびにその人のことがますます大好きになっていきます。

「愛され上手」な人は、今日はちょっと機嫌が悪いのかな、体調が悪いのかな、と思うときがないのです。いつも穏やかです。つまり、波がないということですね。ブレが少ない。

だからいつでも、安心してその人に会いに行くことができます。今日はこんな話をしよう、お土産にお花を買って行こうと、わくわくしながら会いに行きます。

「愛される人」のもとには、人が集まってきます。たくさんの人が、情報や仕事や、素敵な時間や新しい出会いをもたらします。

「愛される人」になると、人、仕事（お金）、時間、情報、素敵な恋や出会いも集まってくるのですね。
あなたの周りの「愛される上手」な人のことを思い浮かべてください。そうではないですか？

人間ですから、本当はいろいろな状態のときがあると思います。でも、「愛され上手」な人は、「いつも穏やかでいる」努力をしているかもしれません。もしかしたら、「じぶんクレド」を毎朝読むことを習慣にしているかもしれません。
真に成熟した人というのはこういう人なのかなと思います。たぶん、想定されるリスクをなるべく小さくする努力をし、自分の生活やココロが大きく乱れないよう工夫しているのだと思います（なんだか分散投資に似ていますね）。
人生には、どんなにがんばっても避けられない事態はありますが、どんなときでもなるべく平常心でいるように心がけているのではないでしょうか。

わたしたちが、日常生活の中で、まずできることは、なるべくシンプルな生活を送ることだという気がします。
自分の身の丈に合ったお金の使い方をすること。価値のあるものにしかお金を使わないと決めることです。
この判断は少し難しいのですが、たとえば、会社で考えてみましょうか。
配達用の車を買うとします。普通の国産ワンボックスカーとベンツ。価値を生むのはどちらでしょう？

当然、コストも低くてすむし、配達用に使える普通の国産車ですね。ベンツの方が儲かっているみたいでいいわ、と思った人もいるかもしれませんが、ベンツは価値を生みません。

お金の使い方も、自分にとって本当に価値のあるものかどうかということを基準にするといいのです。ベンツはもしかしたら虚栄心を満たすことができるかもしれませんが、見栄は価値を生みませんね。

でも、自分が楽しむためにお金を使うのは、価値を生みますよ。ココロが満たされたり、豊かになるという価値です。

かわいい色のネイルを買う。春物のワンピースを買う。

楽しいですね。幸せな気分になりますね。予算の中で、おおいにお買い物を楽しんでください。

そんな基準を自分の中に持つと、お金の使い方もうまくなり、そして、生活もシンプルになっていくと思います。毎日、小さな幸せを見つけていけるような暮らし方が、結果的に「愛され上手」な人につながっていくのではないでしょうか。

ココロもからだもお財布も幸せなわたしになりましょう！

WHAT TO STORE HOW MUCH?

48 幸せな人生を！

長い女性の一生。結婚するかもしれないし、しないかもしれない。でも、女性は、男性よりも平均余命が長いので、いつかは誰でも「おひとりさま」になるでしょう。

30代、40代のみなさんにとって、まだ老後のことはピンとこないかもしれませんが、今から少しずつ考えておいたほうがいいこともあります。

その１つは、４章でお話をした長期投資です。今、30歳の人なら退職するまでまだ30年ありますので、ゆっくりお金を育てていきましょう。退職後も、運用を続けながら少しずつ取り崩し、老後資金の足しにすることができます。

２つめは、なるべく長く働き続けられる自分になることです。

みなさんの年金受給の開始年齢は今のところ、65歳です。今後、年齢が引き上げられる可能性もあります。なるべく長く働き続けられるように、毎日ちょっとずつ自分の価値を高めていけるように少しがんばってほしいのです。

基本は、今の仕事を一所懸命がんばることです。キャリアアップに役立つ資格をとるのもいいですね。

新聞も毎日読みましょう。新聞は、そのトピックについて立体的に書かれています。ネットのニュースではわからない背景や経済や社会に与える影響、今後の見通しなどが解説されています。

世の中で何が起こったのかということを知ることが重要なのではなく、そのことによってどんな影響があるのかを考えることが大切です。そういう視点を持てば、仕事をするうえでも役立ちます。そういう視点、思考軸を少しずつ身につけ、仕事に生かしていけば、５年後、あなたのポジションは必ず変わると思います。

３つめは、暮らしの質を高めていくことです。

これは、生活水準を上げるということではありません。限られた収入の中で、楽しく心地よく暮らす工夫を重ねていって欲しいのです。

最近、職場にお弁当を持って行く人が増えていますね。男性でも手づくりしている人は多いようです。これまでお料理をしたことがなかった人にとって、お弁当づくりはきっと新鮮で楽しいことなのだと思います（だから続くのですよね）。

お弁当をつくることは、お財布にも優しいですし、体にもいいですよね。食生活がきちんとしていると女性は肌がきれいになりますし、ダイエットにも効果的です。

食生活に気を配ることは、毎日を丁寧に生きることにつながります。こんな風にして生活の質は高めていけます。

わたしは、いつも近所の八百屋さんで野菜を買いますが、スーパーよりかなり安いですし、新鮮です。八百屋のおじさんとも仲良くなって、おいしい食べ方を教えてもらったりします。

わたしは都心に住んでいますが、地元の商店街にはまだまだ人情味があるなぁ、と感じます。特にひとり暮らしをしている人は、地域とのつながりを持つのはとてもいいことだと思いますよ。

４つめは、「プチエンディングノート」をつくることのススメです。巷ではエンディングノートブームですが、ひとり暮らしの人は、“プチ版”をつくっておいてはいかがでしょうか？

記載しておくのは、

- **預貯金のある金融機関、支店名、口座番号**
- **加入している保険会社と契約者番号、保険の種類**
- **投資をしている販売会社や証券会社、口座番号、金融商品の種類**
- **借入金やローンの借入先と金額（残高）**

などです。連絡をしてほしい人のリストもつくっておくといいかもしれませんね。

付録

「わたしのお金」を
考えるシート

“未来のわたし”発見シート

①どんな生活、
仕事をしていたい？

③進みたい方向

あなた

②将来どこに住みたい？

④続けたい趣味など

じぶん棚卸しシート

	今のわたし	これからの 目標・希望・夢	実現に向けて 必要なこと
仕事			
家族			
友人 知人			
趣味 健康 ライフ ワーク			
お金			
ライフ イベント			

ビジョンシート〈中期〉

	0	1	2
	2012	2013	2014
自分の年齢			
父			
母			
到達点			
仕事			
プライベート			
スキルアップ			
ライフイベント			
予算			
セルフイメージ 体調 心構え 人脈			

	3	4	5
	2015	2016	2017

わたしの予算シート

	項目	内容	毎月	年間（毎月×12）
固定費	住居費			
	水道・光熱費			
	生命保険料			
	その他 住宅関連費用			
変動費	食費			
	交通・通信費			
	被服費			
	美容費			
	保健・衛生・ 医療費			
	交際費・こづかい			
	自己投資			
	その他			
	支出の合計		円	円

貯蓄計画表①

		年間
可処分所得 (A)	収入から税金や社会保険料を引いたもの	
支出の合計 (B)	「わたしの予算シート」の支出の合計	
(A)−(B)	**貯蓄可能金額**	

貯蓄計画表②

現在の貯蓄額	定期預金	万円	
目的	期限	目標金額	優先順位
	年　月	※生活費の3カ月～1年分が目安 円	
	年　月	円	
	年　月	円	
	年　月	円	
	年　月	円	

貯蓄計画表③

	年間	毎月（年間÷12）
(A)－(B)	万円	
目標貯蓄額（C）	万円	万円
自由資金（A）－（C）	万円	万円

貯蓄額推移表

	0 年 ～12月	1 年 1月～12月	2 年 1月～12月	3 年 1月～12月	4 年 1月～12月	5 年 1月～12月
CI	円	円	円	円	円	円
CO	円	円	円	円	円	円
貯蓄額	円	円	円	円	円	円

おわりに

最後までお読みいただいてありがとうございます。初めてマネーについて考えたという方もいらっしゃると思います。

お金のことに向き合うのは、正直言うと、少ししんどい作業だったと思います。できることなら目をそらして生きていきたい、という方がほとんどだったかもしれません。

でも、お金のことを考えなくてもよい世の中ではなくなった今、１日でも早くこれまでのことをリセットして、新しい気持ちでスタートをすることです。

みなさんにはまだ時間がたっぷりあります。

これからの人生、自分次第です。

「今日、わたしは生まれ変わります」

そう宣言して、ぜひ、あなたらしく、より素敵に美しく輝いてください！

最後に、この場をお借りして、執筆にあたりご協力をいただいた方々にお礼を申し上げます。岡大さん、鎌田恭幸さん、渋澤健さん、中野晴啓さん、藤野英人さん（50音順）、ありがとうございました。

そして、同文舘出版の戸井田歩さん、素敵なイラストを書いてくださった大石香織さん、この本を書くきっかけをくださった村尾隆介さんに心から感謝申し上げます。

2012年７月　　　　　　　　　　　　　　岩城みずほ

著者略歴

岩城　みずほ（いわき　みずほ）

オフィスベネフィット代表。ファイナンシャル・プランナー。ＣＦＰⓇ認定者。ＤＣプランナー。日本ＦＰ協会会員。愛媛県生まれ。慶應義塾大学卒。ＮＨＫ松山放送局を経て、フリーアナウンサーとして14年活動。報道番組、パブリシティ番組、選挙特番などの他、ＢＳ、ラジオ、各種司会、リポーターを務める。その後、セミナー講師に。大手銀行、保険会社などのコミュニケーション研修のためにファイナンシャル・プランナーの資格を取得。生命保険会社を経て、2009年に独立。得意分野は、保険と資産運用。「未来の『安心』と『豊かさ』を一緒に考え、共に成長していくこと」をモットーに、セミナー、執筆、個人相談を通して、さまざまな情報、サービスを発信し続けている。マネー女史の資産運用研究所、ＷＥＢ事典「ほけんぺでぃあ」主催。サムライズプロジェクトジャパン主催。
著書に『30年後も安心に暮らせる！　お金の鉄則』（マガジンハウス）、『保険リテラシーが身につく本 ――生命保険の基礎知識』（税務経理協会）がある。

●ＷＥＢ事典「ほけんぺでぃあ」（火曜ブログ「わたしのほけんＡＢＣ」、金曜ブログ「わたしの資産形成ＡＢＣ」更新中）
http://www.hokenpedia.com

●オフィスベネフィット
http://www.officebenefit.com

結局、いくら貯めればいいの？

30歳からはじめる　私らしく貯める・増やすお金の習慣

平成24年8月8日　初版発行

著　者――岩城みずほ

発行者――中島治久

発行所――同文舘出版株式会社

東京都千代田区神田神保町1-41　〒101-0051
営業（03）3294-1801　編集（03）3294-1802
振替 00100-8-42935　http://www.dobunkan.co.jp

ISBN978-4-495-59871-6

印刷／製本：シナノ

Printed in Japan 2012